《非洲故事》编委会

总 策 划：陈锦田 程　晖

主　　　编：陈锦田

编　　　委：姜晓地 罗　虹 吴建伟 陈　俭

责任编辑：雨　鹰 余小倩

编　　　辑：陈芙蓉 李　明 杨建宇 魏洁韫 李潇潇
　　　　　　王　静 梁思梵 于　是 刘迎军

设计顾问：袁银昌

装帧设计：李剑萍

上海人民美术出版社

African Story
非洲故事

2010年 上海世博会非洲联合馆主题展

目录

序

　　经过几年的努力，凝聚着中非艺术家、专业团队、参展方和组织方工作人员心血的上海世博会非洲联合馆终于精彩亮相了。43个非洲参展方展馆犹如43颗珍珠闪耀在世博园。精彩纷呈的表演、琳琅满目的展品将带你体验一个缤纷绚丽、热情动感的非常非洲。

　　想看热闹，非洲馆有热闹，想看门道，非洲馆更有门道。《非洲故事》就是为既想看热闹又要看门道的人们准备的。通过阅读《非洲故事》你会发现，非洲联合馆里的每一件展品、每一个设计与非洲的历史、非洲的文化、非洲的生活都是如此密切地关联着。在你眼前的这些草编、木雕、石雕、面具、乐器、花布，不仅会让你感叹非洲人民的智慧、非洲人民的灵巧和非洲人民的勤劳，更会让你感受到它们本身所具有的灵性。它们就像是活的生命，充满了生机，演绎着传奇。

　　让我们和《非洲故事》一起走进非洲联合馆，走进非洲，玩得尽兴、赏得尽情，踏着非洲的节拍，探寻人类源头的奥秘，去探索、感受、体验非同一般的非洲文明！

上海世博会事务协调局

非洲联合馆管理部部长　陈锦田

2010年3月

非洲的历史是用布织出来的

　　一块花布，方寸之间可以有诸多的变化，即使在非洲的集市上、乡野间，女人们或缠在头上或裹在身上，秀出来的风景毫不逊色于T台上的时装。阿丁卡、肯特布、泥染布、库巴布、康噶布、马萨伊布……数不清种类的花布把非洲装点得绚丽多彩。

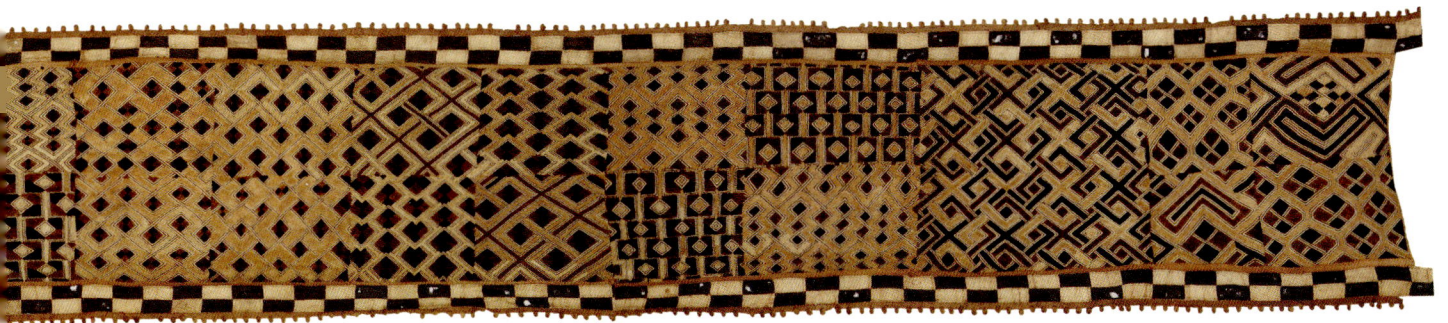

库巴布
产地：刚果

库巴布

文艺复兴时期，库巴布曾是一种珍贵的非洲艺术品，被当时欧洲皇室、贵族们收藏。16世纪葡萄牙的著名油画《天使报喜图》中，圣母和天使就是被绘制成跪在一块库巴布上。

库巴布是生活在刚果卡塞河流域的库巴人（Kuba）独有的织物，它的特点是用拉菲亚草编织成布料，再用刺绣、镶边和镶贴等方法进行装饰。

库巴人所创作的几何抽象图案也启发了近代很多著名艺术家，比如包罗克莱、马蒂斯，后者更是钟爱把他收藏的大量库巴布陈列在工作室的墙壁上。

今天，库巴仍然是一个拥有许多不同群落的民族，所以他们制作出的库巴布的风格也是截然不同的。早期的库巴布如今已经极其罕见了，过去的手工编织技术现在也发展到可以在工厂生产了。工业化的过程让库巴布得以成为一种日常服饰。

实际上，库巴布的制作工艺之所以能够世代相传，很大一部分原因是依赖库巴人祖先崇拜的传统观念。他们认为在参加那些重要的仪式，特别是葬礼时，必须穿着最好的库巴布，否则就得不到祖先们的认可和保佑。虽然现在刚果地区生产这种织物的手工艺人所持的标准已和过去不同，但是从那些高品质的手编库巴布中仍然能看出库巴人对于图案的先天热爱和卓越的即兴创作才能。

库巴人编织的基本方法是由男人在织布机上先编制出没有任何装饰的、朴素的正方形拉菲亚草布料。虽然男人们可以完成一些简单的装饰工作，但最费工夫的装饰工作如镶边、刺绣，都是由妇女们完成的。

她们用当地天然材料制成的颜料把拉菲亚草线先染成红、蓝、黑、黄等颜色。然后，用一根针把线插入布料经纬交叉的地方，再勾回来，用一把非常锋利的小刀将线割断，留一两毫米长的两簇线头在布料表面。由于原来的布料很紧，可以将线头固定在原处，这样完成的织物表面没有结，重复这一过程直到布料上出现需要的图案，最后用刀子在线头上摩擦使线头蓬松直到盖住底布。

这种工作细致而繁复。一般来说，一位妇女编织一个月也只能完成一小块刺绣。她们在编织过程中所进行的图案设计，通常是在流传下来的传统图案的基础上进行即兴的发挥，这就是中国古话所说的"胸有成竹"的境界。

刺绣女工经常使用的图案中至少有两百多种图案有确切的名字。许多图案都是以形状命名的，最常见的比如说"鳄鱼背"，还有一些是用最初创作图案的女人的名字命名的，或者是用当时国王的名字命名的。

在库巴文化中，同样的图案除了用在布料编织上，也被大量运用在其他地方，比如"鳄鱼背"，在库巴的木雕、金属工艺品、席子和妇女的纹身上都能见到。虽然最初的布料经纬线排列得横平竖直，非常便于制作出规则或对称的图案，但在现实生活中，库巴人似乎更倾向于使用不对称的、异形的或是随意即兴的效果。这个特征在非洲纺织品设计中相当普遍，它与非洲音乐自由变化的韵律有异曲同工之妙。当然，也有一种叫做布尚（Bushoong）的布料，是由皇室妇女制作的，它上面的图案通常都是对称的。

对于库巴布尚需说明的一点是，我们常常在库巴布上看到很多类似补丁的装饰。那是因为刚织成的布料僵硬而且边缘松紧参差不齐，如果要将它用作日常服装或舞裙，就要把它放在一个木臼中敲打使它变得柔软。库巴布上特有的镶贴工艺，最初是为了修补那些敲打时造成的破损，用直角、长方形或圆形补丁缝在被敲出的破洞上。为了让整块布看起来好看，库巴人又把其他补丁也缝在布料上作为装饰。于是，镶贴补丁发展到后来竟成为布料表面的装饰工艺，也成为库巴布独特魅力的一个重要元素。

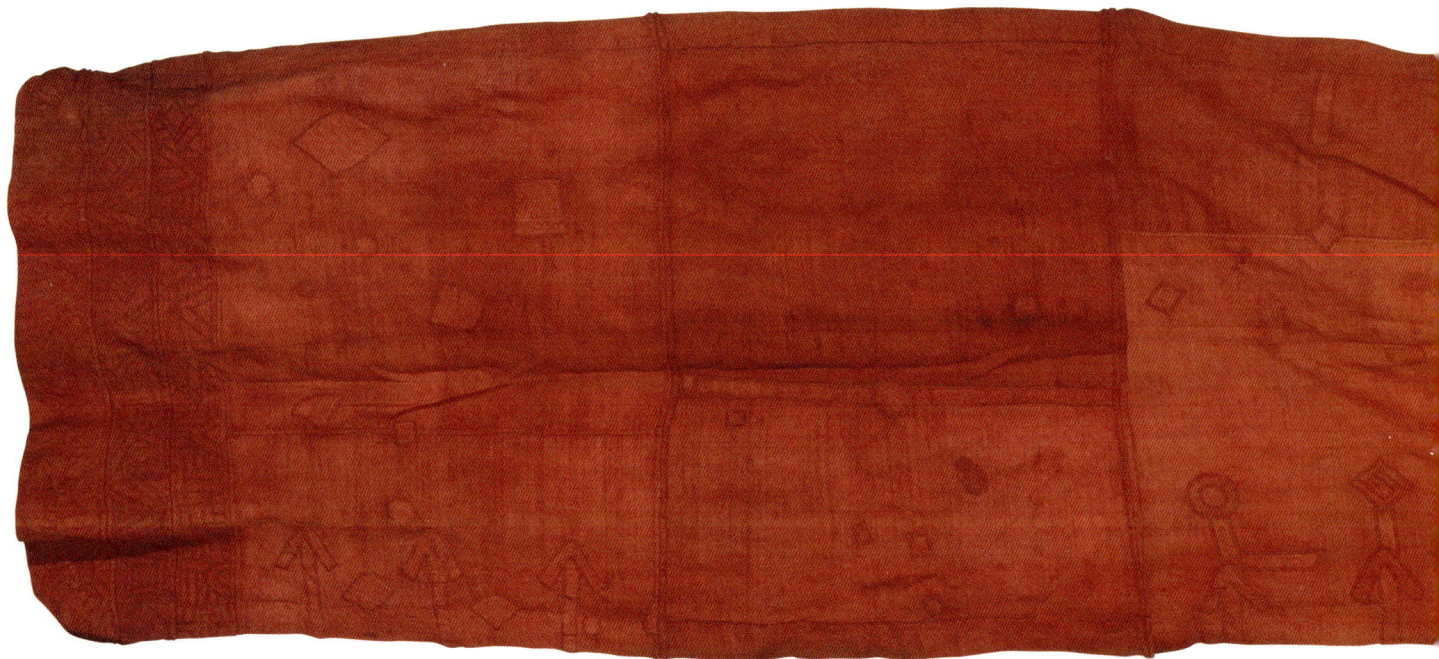

库巴布
产地：刚果

泥染布

黑与白，是色彩世界中永恒的经典，通过不同的比例，衍生出万般变化。

如今，靠着媒体、时尚的传播，黑底白纹的马里手绘泥染布早已成为非洲传统布料的典型代表。Bogolanfini，中文翻译为"泥染布"，顾名思义，从名字上，我们便可大概知道这种布料的制作方法。

它是居住在马里首都巴马科东部和北部的一个大区域中讲曼德族语的Bogolanfini人的一项久远的工艺。泥染布的手工制作与工厂里的流水线不同，是一个相当漫长的过程，同库巴布的制作过程一样，是男人负责最基本的编织，然后由女人去完成复杂的工序。

最初的布料是男人们在织布机上编织的白棉布。妇女掌握着关键的环节——洗染。按照规定，染色的技巧"由母传女"。首先，白色棉布要先在水中洗涤后晾干，以便它缩水成为最终需要的尺寸。然后，放在用树叶捣成的棕色液体中浸泡。虽然大家使用的是同样的叶子，但每家为了得到更好的效果都有他们自己的家传秘方。

布料在经过长时间的浸泡后变成深黄色，然后将它展开铺在地面上。布料被太阳一晒会产生一点褪色。现在方可以开始进行泥染。染料是从池塘中收集来的泥浆，把泥浆密封在罐子里发酵大约一年的时间，使它变成黑色，并产生强烈的气味。小竹片和各种宽度的小铁铲都是在布料上用泥浆溶液绘制图案的工具。先用窄的工具画出每个图案的轮廓，再使用宽的工具在图案的空白处填上泥浆染料。

高水平的泥染布能巧妙地保留原来的底色作为图案。完成整块布料的制作大约需要几个星期细致入微的工作。最后，用水冲掉布料上多余的泥浆得到的是黑黄相间的鲜明图案。整个的泥染过程需要重复一次，这是为了确保颜色牢固，给布料再上一层涂料。如果想要白色的图案就在黄色区域上涂一层化学溶液，以便把它们漂白成期望的白色。

不过，不是所有地方制作泥染布的理念都如出一辙。在马里首都巴马科北面的乡村，它并不以追求图案的创新为目的。一个成功的设计的标准是对现存图案清晰准确的再制作，或者是适当添加一些新颖的组合。应用于布料的图形或者这些图形的组合都有自己的名字。其中一些名字根据样式的形状，例如"鱼骨"、"小星星"或"正方形"。一种普通的正方形之内设置对角线的形状，称为"Mauretanian妇女的头垫"，这一图形的设计来自于一种象征女性、财富意义的，价值昂贵的刺绣皮革坐垫。还有一些图形涉及到妇女们的生活经验，特别是一些日常问题，例如一夫多妻家庭内的妻子竞争。

自从1980年以来，Bogolanfini已经从一种有趣的地方传统织物成为一个国际上认可的非洲风格的标志。Bogolanfini的迅速崛起与巴马科当地杰出艺术家和时装设计师在国际市场上走俏是同步的。

  在巴马科的艺术学校，年轻艺术家已经开始实验和探索，借助这些原始工艺来表达最新的艺术形态。这股潮流导致了20世纪80年代一个自称为Bogolanfini Kasobane组合的横空出世。组合里的6名艺术家在欧洲和法语非洲地区密集地举办各种展览，展示使用Bogolanfini技术创作的抽象和具象的绘画作品。

  将Bogolanfini运用到时尚设计中的先驱是在巴黎工作的马里设计师克里斯·塞杜（Chris Seydou）。1979年，他设计的一条Bogolanfini裹裙吸引了当时时尚界的颇多关注。于是，在20世纪80年代和90年代早期，他更多地把这种纺织品作为服装元素加以运用。直到1994年去世前，塞杜通过每年在马里电视台举办时装表演，与地方纺织工厂一起开发制造了泥染布料的工业版本，大大加快了泥染布的推广。

  顺应这一新风潮，巴马科青年和学生们开始制作经典的农村Bogolanfini的简化版本，并且尝试新的图案设计和颜色。相形之下，传统泥染布的生产过程显得费时费力，工业进程无形中成为了这项手工艺的催命符。今天，即使在乡下，按老方法制作的Bogolanfini也是一个稀罕物件。

  所幸的是，植根于Bamana农村传统的新Bogolanfini样式显示了马里人天才的创造力。他们所使用的颜色包括深褐色、黑色，还有白色，都是室内装潢的基础色调，因而马里泥染布做成的墙帷、窗帘、坐垫以及其他家居饰品在美国和欧洲的家居市场都占有一席之地。

肯特布

　　肯特布（Kente）可能是最知名和最受赞赏的非洲纺织品，20世纪60年代肯特布甚至成为泛非运动和非洲统一运动的一种标志，一直被漂泊在外的非洲移民所使用。在它的发祥地西非加纳，肯特布是阿善提人（Asante）文化的重要特征。

　　肯特布起源于加纳南部丛林深处的阿善提王朝和阿善提皇室所在地Kumase。最早关于阿善提皇家丝织品的记录是在18世纪30年代。

　　20世纪，阿善提人为他们王国的国王制作的肯特布可以说是西非窄布纺织技艺的巅峰之作。这些作品的原材料来自于仔细拆开的欧洲进口的丝织品。一个来晋见Opokuware国王的丹麦商人，他第一个从欧洲带来了五颜六色的丝绸和各种面料。当地织工将这些布料拆开，把得到的毛线和丝线与当地的棉线混合得到更多的颜色。用这种方法得到的丝线在织布机上重新纺织成窄条布，两条或者三条丝质综线交织以产生复杂的图案，优美华丽。

　　许多肯特布料通过编排暗色底布上亮丽的色块图案的排序，达到图样变化的效果。巧妙的背景设计，用经线条纹不同宽度的配置，区分不同图案的名字。在谚语和口耳相传的文化中，年长的织布工们记着大量图案的名字。譬如Atta Birago和Afua Kobi，指的是两位太后，因为这种样式最初是专门为她们设计编织出来的。还有一些图案名字的含义是历史事件、家庭用品、谚语或布料的用途等等。

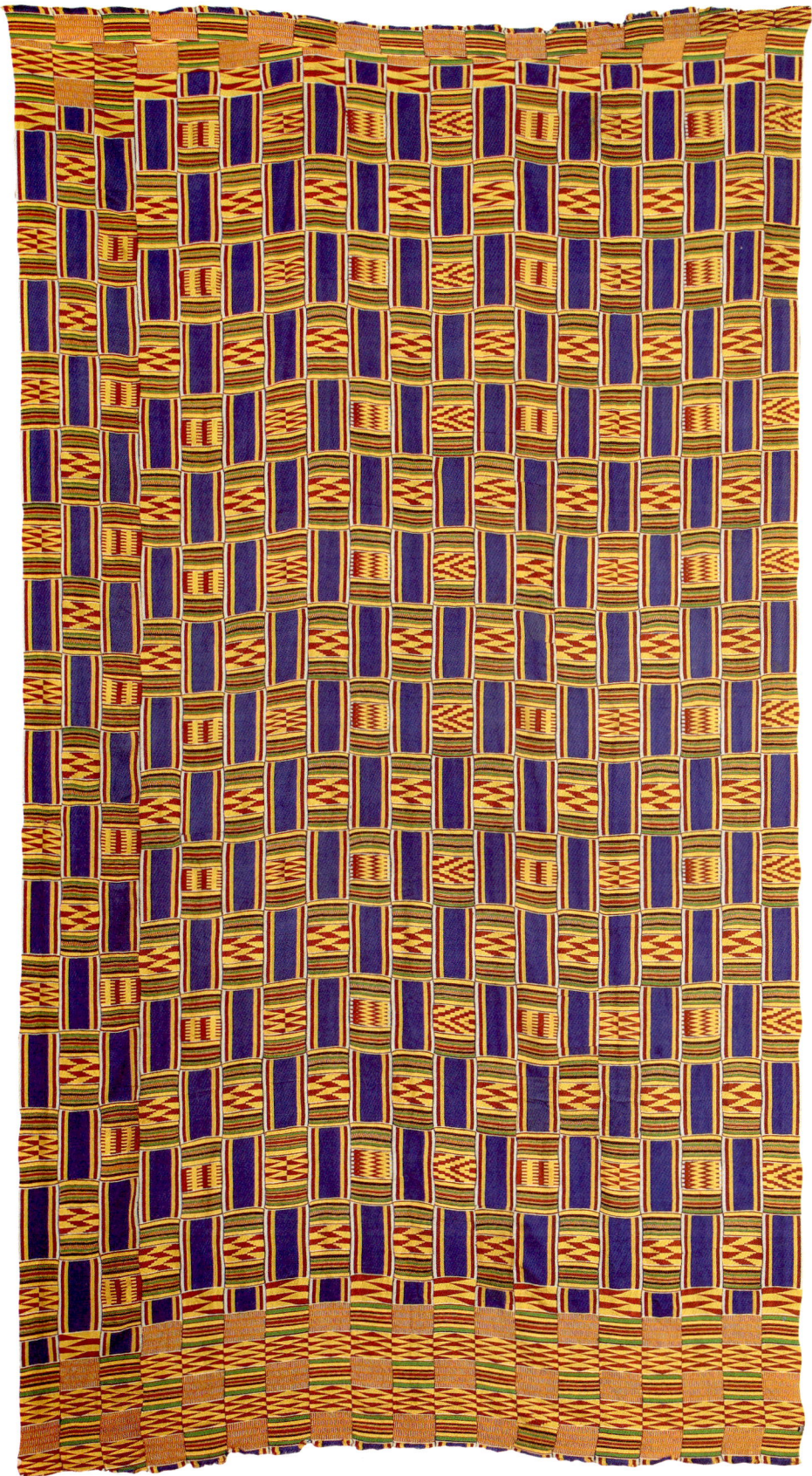

蜡染画
产地：肯尼亚

非洲的历史是用草编出来的

在卢旺达，图西族妇女编制的细绳篮筐被誉为"能随意站立的雕塑品"；博茨瓦纳的妇女已是公认的全世界最好的篓筐编制者之一；斯威士兰人传承了最古老的草编技艺；纳米比亚的棕榈叶盘也堪称经典之作；南非祖鲁人精美的篓编制品极负盛名，甚至用草编制碗、牛奶罐、啤酒杯等，编织技艺出神入化。

匪夷所思的草编技艺是非洲文化艺术的独特贡献。相比非洲的其他工艺品，草编制品更能体现非洲本土文化与环境和技艺的完美融合。流畅的造型、全是几何图形和艳丽色彩的完美组合，看似简单却千变万化，让人百看不厌，爱不释手。

过去，无论是猎人、采集者、放牧人、渔夫还是农民，不同的生活方式都能通过不同样子的草编制品反映出来。后来，随着城市化进程的加快和文化变迁，一些传统的编织技艺和草编样式失传了。但近年来，由于美国、欧洲和澳大利亚的私人收藏家、室内设计师和博物馆都特别青睐非洲草篮，国际时尚界对非洲草编制品另眼相待，赞赏至极，视其为符合环保新潮流的艺术形式，将非洲草编制品的功能性和美学价值推崇到令人惊叹的新层次。

祖鲁（Zulu）篮子
产地：祖鲁，南非

祖鲁人因其多彩的珠饰细工和精美的篓编制品而极负盛名。女孩子们从很小就学习使用各种不同的颜色组合和图案传达信息，特别是关于爱情和求爱的信息。女人们母女相传继承着精湛的篮筐编制技艺。作为一项历史悠久的工艺，祖鲁的篮子最初是作为当地自酿的土酒和水的盛器。浸在水中的谷物在盖上盖子的篮子中发酵，水珠在篮子外壁凝结，蒸腾，起到自然降温的功效，使液体保持凉爽。这样精湛的作品每一件都是独一无二的，每一件都要花费至少两个月的时间才能完成。编制所用的棕叶使用从树根、叶子、浆果和野生菌类中萃取出来的天然染料染成的黑、棕黄等颜色，编制成不同的图案以达到完美的装饰效果，表达不同的美好愿望。从来没有两个篮子是完全一样的，这种美丽的编制盛器在当地通常是珍贵的结婚礼物，而在国际上则深受博物馆和艺术画廊的青睐。

祖鲁（Zulu）篮子
产地：祖鲁，南非

非洲的历史是用木刻出来的

非洲有一种树，人们崇拜它，尊它为神灵，它就是著名的非洲乌木（Ebony）。

据中国史料记载：乌木，是心材呈黑色的珍贵树种，柿树科柿树属，在亚洲主要产于热带，如印度、印尼、斯里兰卡、泰国、缅甸、越南等国。我国台湾、海南等地也曾经出现过。

坦桑尼亚是乌木在东部非洲的主要产地之一，当地的斯瓦西里语叫它Mpingo。乍看乌木其貌不扬，矮小的树身有很多枝杈，然而，它却是决定着东部非洲生态系统的关键物种。它庞大的根系是东非草原肥沃土壤的保障，它的枝叶给许多动物提供了丰富的食物。乌木成材在70至100年以上。如果仔细观察那些成材的乌木，外表是粗糙的白色表皮，内部是乌黑的心材。刚被切开的木心为深紫色，会有一点点清香，见到阳光后木心的颜色马上变得乌黑。漫长的生长周期和缓慢的生长速度使乌木质地密实、沉重而坚硬，那黑心密实到几乎看不出年轮。若经过仔细雕琢乌木会大放异彩。经过细心打磨后的黑色心材表面好像笼罩一层油脂，丝丝纹理隐藏在幽暗的光泽里若隐若现，显得沉稳而有内涵，轻轻抚摸如丝般光滑倍感亲切，拿在手中沉甸甸的让人觉得踏实。

乌木在非洲是神圣的，当地人认为它具有超凡的能量，甚至用浸泡过这种树木的水为初生的婴儿洗礼，相信它能给予人类生机和力量。乌木在非洲有着广泛的应用。人们把它的不同部分制成各种药品来治病；用它的树叶、树皮和果实作饲料饲养牲畜；树干是最好的燃料，可以制成木炭；由于它坚硬常被制成各种工具；埃及的法老墓中都有用乌木雕刻的法老雕像。从20世纪开始，法国、英国和德国的乐器制造商成为乌木在西方的最大消费者，乌木材质的稳定性使乐器能长期保持音质、发出优美的音色，它特有的手感使演奏者在演奏过程中得到更大的享受和满足。

如此完美的天然材质，历经了百年的沧桑却也吸纳了天地日月之精华，经历百年风雨的洗涤使它凝聚出坚硬的品质和不朽的风范，尊它为神灵的化身一点也不为过，难怪西方人一提到乌木会用尽一切赞美之词，把它称为：大自然所造就的最优美、最高雅和最珍贵的物种！

非洲乌木名扬中国和一个与乌木一样有着悠久文明的民族马孔德（Makonde）有很大关系。马孔德，一个生活在东部非洲的民族，他们用乌木做雕刻，他们的艺术家和木雕作品已成为闻名世界的艺术流派。乌木也与他们的艺术一起名扬四海。

马孔德人大部分生活在莫桑比克，是一个有着悠久的雕刻传统的民族，他们的祖先曾经创造出令现代人叹为观止的雕刻作品，虽然这些雕刻品大多用于宗教事务，但在东部非洲的艺术发展历史长河中有着很重要的地位。Lipico面具作为盔形面具的典范至今令人称道，Bady面具鲜明的特色可谓独具魅力，这说明马孔德人有着天生的艺术创造力。

从20世纪60年代开始，一些马孔德艺人从莫桑比克来到坦桑尼亚，开始在首都达累斯萨拉姆从事雕刻工作，他们为旅行者和外国商人制作乌木和一些其他的硬木雕刻品。在他们忙碌的工作间里挤满了来自莫桑比克和坦桑尼亚各种不同文化背景的艺人，这使他们有机会融合和借鉴一些新的观念。为迎合西方顾客，也就不可能不受西方人审美的影响。繁荣的旅游业带动了木雕的市场，新一代马孔德艺人在这一过程中也逐渐成熟，他们找到自己的雕刻语言，形成了自己特有的风格，产生了一批知名艺术家和艺术作品。

马孔德人的雕刻从整体风格上秉承了非洲雕刻的许多特点。首先，非洲雕刻历来讲究"One Piece"——一块木头，无论是面具、神像这些宗教器皿，还是容器、凳子这些日常用具，都是用一块完整的木头雕成的。马孔德的雕刻通常也是利用一块或一根乌木。乌木的树干直的很少，而且还有很多枝杈，怎样合理地运用好一根树干进

行雕刻，乌木给雕刻者带来了更大的挑战。马孔德人能根据树干的自然形态因材施刻，同时又受到材料自然形态的启发而得到新的灵感，使雕刻的主题与施刻的材料融为一体，浑然天成，这就是他们使用一根木头的妙处所在，也是艺术所追求的高境界。从这一点我们就能看出马孔德艺人的艺术水准，更能体会到非洲人的艺术天分。

非洲雕刻的另一个普遍特征是"通透"，马孔德的雕刻品同样具备这一特征。"通透"以中国人的观念可以把它视为"虚实"，在中国画中讲究"疏可跑马，密不透风"也是这个道理。运用实体与空间进行虚实的对比和在整体构图中显示疏密对比是马孔德人雕刻中最常见的表现形式。从实体发展到空间，在雕刻艺术上是一种很现代的理念，马孔德作品能够熟练运用实体与空间的布局在三维中产生的效果，来表达艺术家的创作的主题，再一次表明马孔德艺人雕刻艺术的成熟。

"对比"是从事艺术创作最基本、最常用也是最有效的方法，这是在任何一本艺术教材中都能找到的理论。而巧妙地运用内部坚实平滑的黑心与外表粗糙的白色表皮这粗糙与细腻的质感和黑与白的色彩进行丰富的、多层次的对比而产生强烈的艺术效果，则是只有运用乌木进行雕刻才能得到的独有特色。

乌佳马、西太尼是马孔德木雕两大主要形式。乌佳马（Ujamaa）是马孔德木雕中具有政治色彩的一个雕刻形式。乌佳马是斯瓦西里语，它代表一种非洲传统的社会关系，是一种人们在部落中共同生活、集体劳动和共享劳动成果的大家族关系。英文把乌佳马译为：Brotherhood（兄弟精神）或Familyhood（家族精神）。

20世纪60年代是许多非洲国家摆脱殖民统治、相继独立的年代，是非洲民族解放运动的高潮期。这一时期，农村社会主义合作社作为一种新的社会形式在非洲开始流行。1967年，坦桑尼亚发表《阿路莎声明》，决定走社会主义道路，在政府的文化部门搞的一个艺术展中，雕刻家罗博特的一件作品被组织者称为"乌佳马"，一种新的雕刻艺术形式从此诞生了。以后这种类型的雕刻出现了很多的发展变化，主要的人物从只有男人发展到男女都有，交错的人物中间镂空的现象越来越普遍，镂空区域成为设计的一个重要部分，细部的刻画和最后的打磨也越来越成熟。这种发展变化在后边我们要说的西太尼中也同样存在，尽可能多地除去木料使雕刻达到一种轻盈优雅的效果成为一种流行趋势。同时，减轻作品的重量也更有利于商业运输。今天，在市场里更多人称这种类型的木雕为家族树（Familytree），家族树把许多人形交织雕刻在一起，如蚁穴、像蜂巢，形象地体现出非洲人崇尚团结、注重集体的精神。利用一棵完整大树的树干雕刻出层层叠叠的人像，也表现出非洲人注重家族、家庭观念、手足之情，相信他们家族和他们的信念祖辈交替、世代传承，企盼他们的家族像大树一样生生不息。

西太尼（Shetani）在斯瓦希里语中是神灵或魔鬼的意思，据说源于撒旦（Satan）一词，有人说西太尼反映的是一种社会现实。大多数马孔德人从莫桑比克难以忍受的殖民环境逃出来，但换来的是在城市边缘的艰苦生活，所以这种形式表现了马孔德人日常生活的挫折与磨难。所以这一类型的雕刻大多比较抽象或是极端地变形。这也是他们在雕刻形式上求新求异的具体体现。使用西太尼这一称谓，无论是对于雕刻者所追求的精神境界，还是对于雕刻本身的表现形式都给予了马孔德人更大的创作空间。有人说："实现非洲文明的现代复兴，完成非洲大陆的最终统一，是20世纪非洲大陆所共同追求的两个理想目标。"（详见2002年出版《非洲变革与发展》第 209页）这一说法与产生于同一时代的马孔德的乌佳马、西太尼这两种雕刻形式有些暗合。在这些作品中能明显地看到他们正在努力地寻找出路，以及强烈的力图创新的愿望。

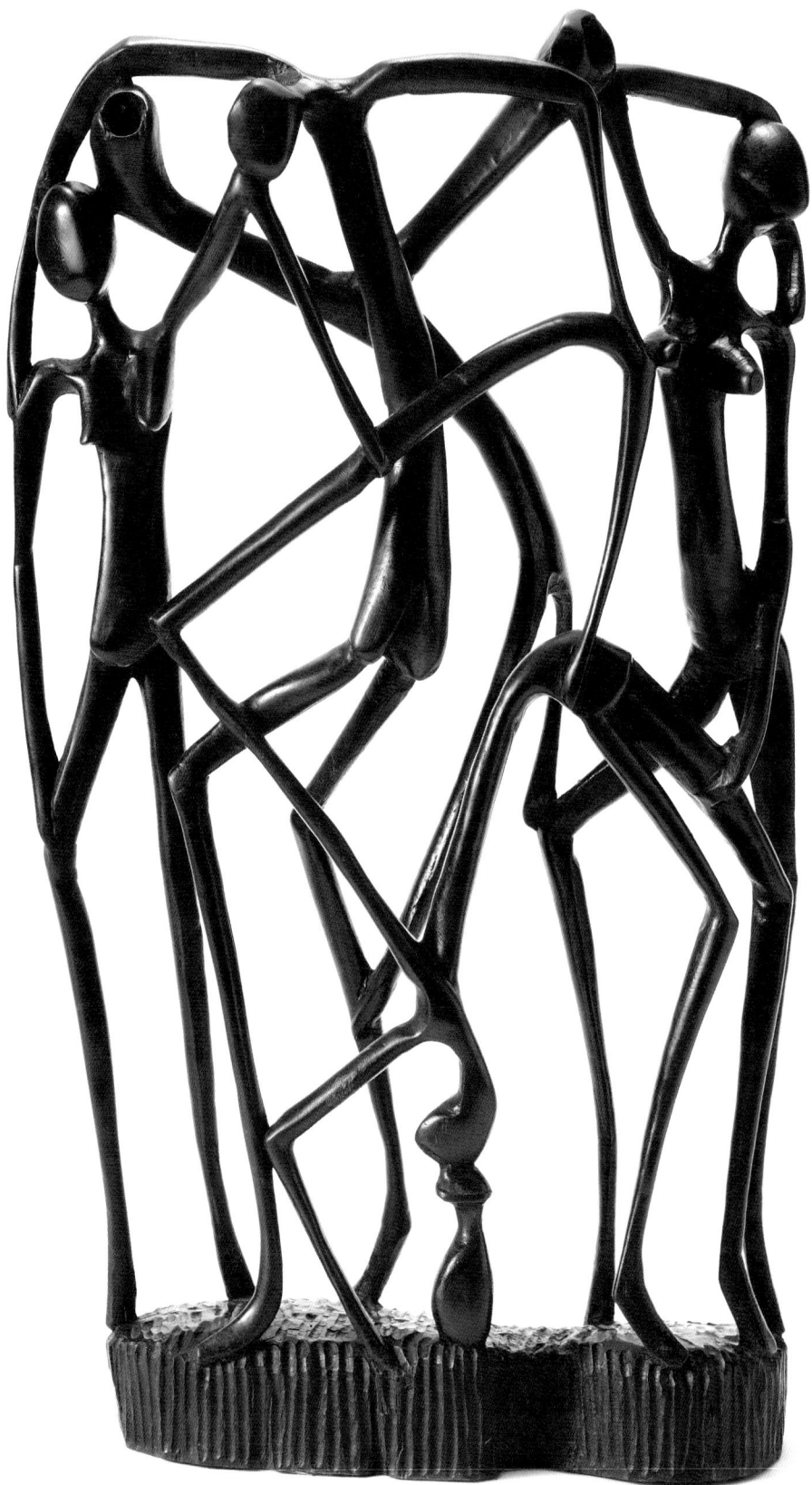

乌佳马云形
产地：马孔德，坦桑尼亚

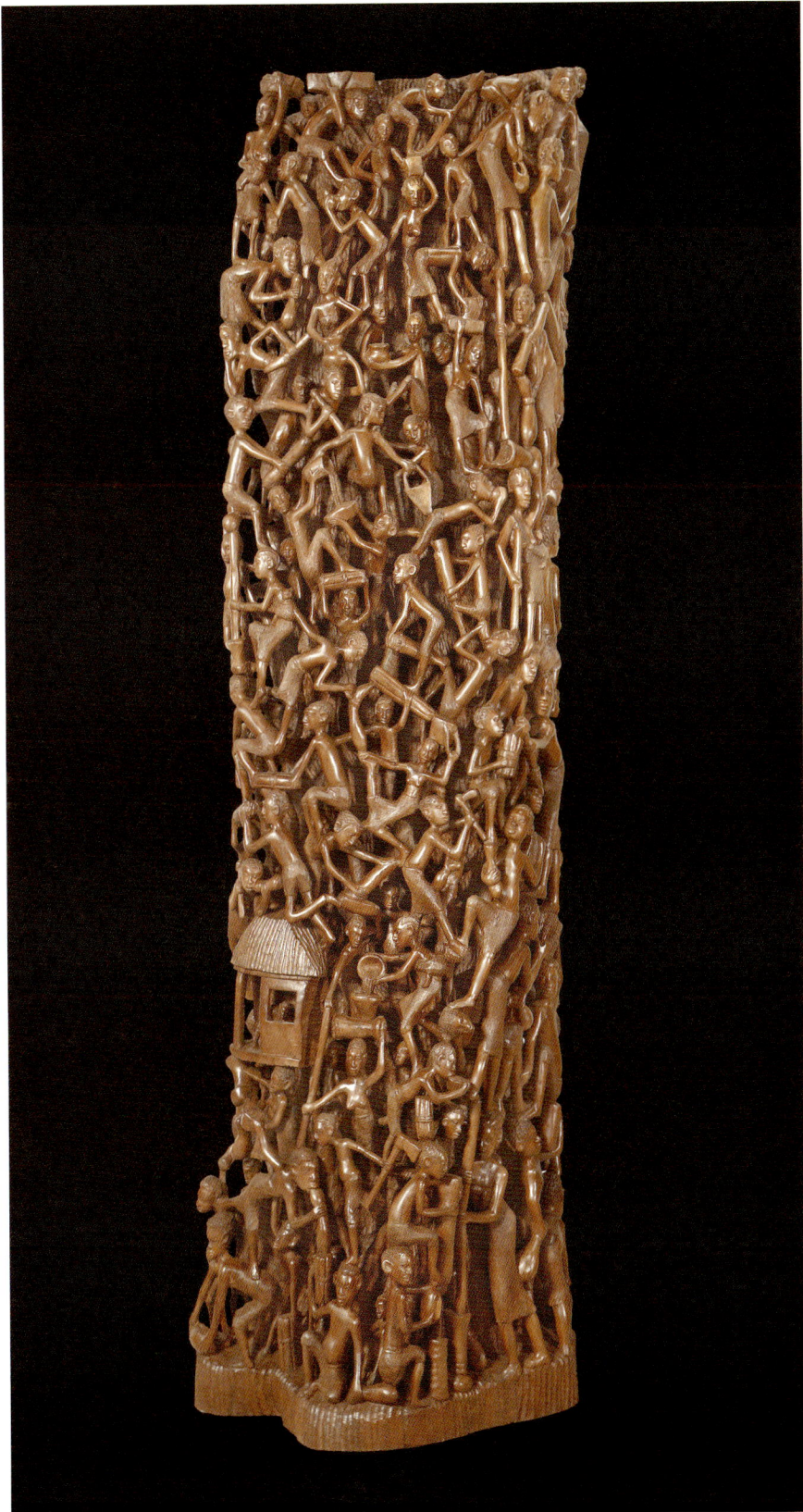

巨型家族树
产地：马孔德，坦桑尼亚

费雷科斯抽象柱
产地：坦桑尼亚

马萨伊雕像
产地：坦桑尼亚

非洲的历史是用石雕出来的

　　津巴布韦首都哈拉雷北部150公里外的非洲热带丛林中，有一个居住着八九十户特殊居民的小山村——坦戈南戈（Tangenange），这里是津巴布韦石雕的发祥地。西方评论家一致认为：坦戈南戈的成就不仅会被载入津巴布韦艺术及文化发展的史册，甚至在南部非洲文化发展历史中都占有重要的位置。

　　沿赞比西河谷延伸的大戴克山脉将坦戈南戈与外部世界隔绝开来，这里石材资源丰富，有些石头俨然就是上帝创造的天然雕像。因而，这里的石雕创作拥有天时地利。走进坦戈南戈石雕村，就能看到山坡上、丛林中散落着漫山遍野的石雕，大大小小，形态各异，寂静的山林如同巨大的艺术展厅！

　　坦戈南戈的历史可以追溯到近半个世纪之前。1957年，来自南非的白人青年汤姆·布隆菲尔德买下这里两千多公顷的土地。通过开矿和种植烟草，他很快成为富有的农场主。1966年，由于西方国家对津巴布韦施行经济封锁，迫使汤姆放弃了已成规模的矿产开发和烟草种植业，与伯纳德、马特马拉和约西亚·曼奇等17位艺术家和七十多位来去自由的石雕艺人合作，在这片土地上成立了坦戈南戈石雕艺术公社。

　　公社位于津巴布韦烟草种植区霍斯述布洛克的中心地带。茂密的姆萨萨树，大块的岩石，大片的烟叶田，构成一幅美丽的自然画卷。随意陈列在地上的那些数不清的石雕，或许就可算是标注的村界。一条小路将人引进村，路边堆放着石材，几座典型的非洲小圆屋在小路尽头，那儿就是艺术家们居住的地方，洋溢着浓厚的艺术气息。石雕艺术的发展过程，在石雕村得到了最完整的保存。坦戈南戈就是一个活生生的博物馆。

　　石雕仿佛借助了大自然力量，不断涌现。从灌木丛到山顶，每天都会出现新的雕

塑。雕刻家们在家门口展示自己的新作，与来访的客人交流。尽管出售石雕让当地人获得了一些财富，但他们更注重的是难以言喻的艺术境界，在精神世界中不断追求才是他们真正的创作动力。

在这样的环境里生活，当地的艺术家天生就与石头有亲近感，他们对各种石材都了如指掌，亲手采集和挑选的过程使他们可以观察石材的原生态，很容易判断如何根据石材的形状进行雕刻。坦戈南戈雕塑家从来不刻意迎合西方人的审美观，也不落入窠臼，不认为雕刻作品必须给人以愉悦的感觉，更不拘泥于最初预想的创作模式。他们可能不知道什么是表现主义，但是表现主义的本质就扎根在他们的骨子里，恰如非洲音乐和舞蹈，在非洲的节日、庆典、葬礼、祭祀等活动中，这种即兴的天赋表现得淋漓尽致，任何人都无法否认。坦戈南戈艺术作品也一样。

有些坦戈南戈艺术家拥有非常独特的表现形式。比如姚族雕塑大师约西亚·曼奇，经常把人体器官，如面部五官和四肢等放置在它们本不该在的地方——把嘴放在耳朵里，让眼睛来听，嘴来看。乳房的形状也没有性别差异，男女都一致，而且总是多于两个。

在坦戈南戈，性别和年龄不是艺术创作的障碍，无论是4岁，还是80岁，都可以随心所欲地雕刻石头，毫无保留地展现自己的创作天赋。内容方面，更跨越国界和宗族，可以是几百年前的土著面具，也可以是基督教主题，还可以用石雕表达自己的世界观。

如今，无论是巴黎现代艺术博物馆，还是伊丽莎白女王二世、洛克菲勒、查尔斯王子的家中，都收藏有津巴布韦石雕。

石雕

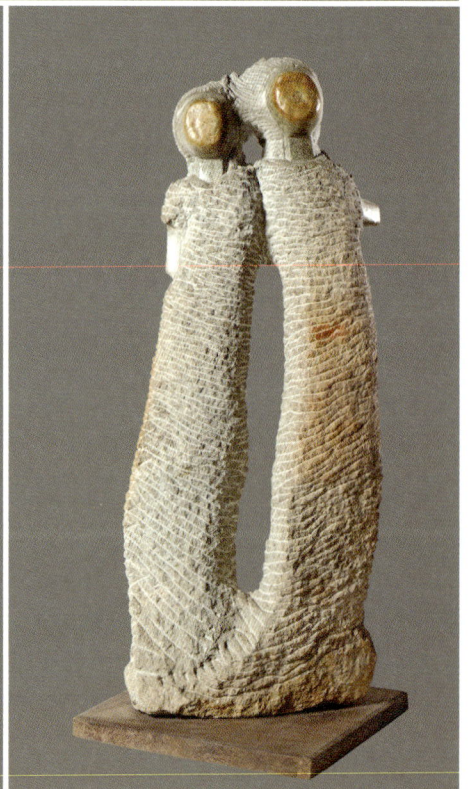

产地：津巴布韦

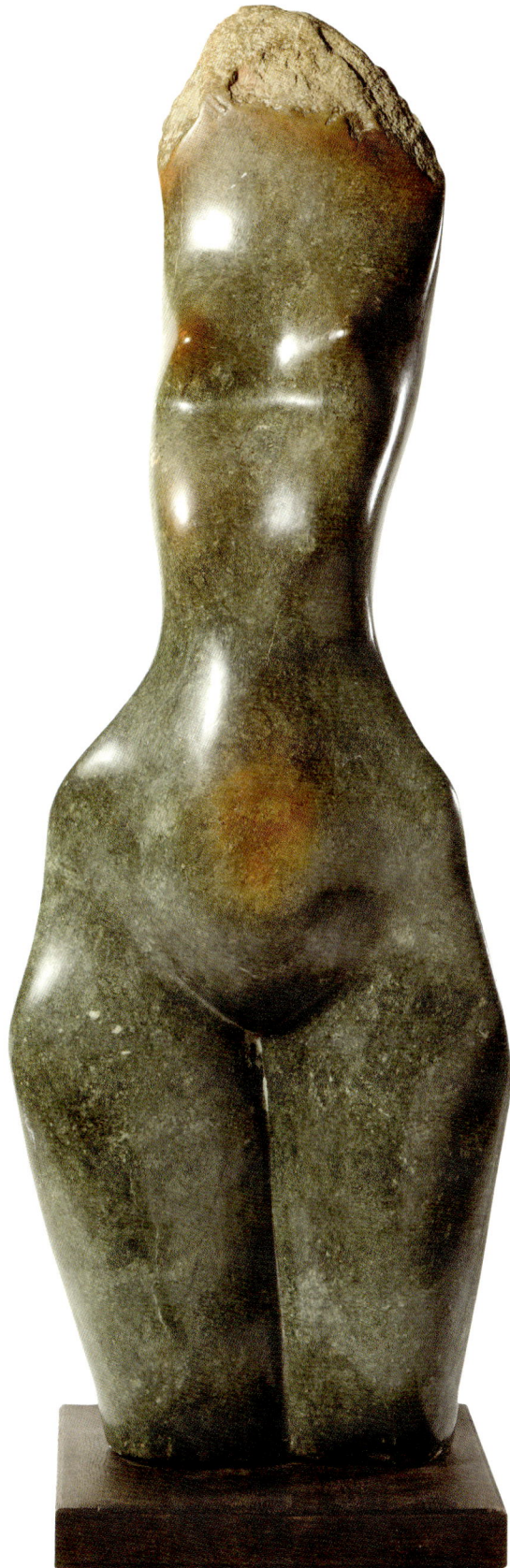

石雕
产地：津巴布韦

石雕

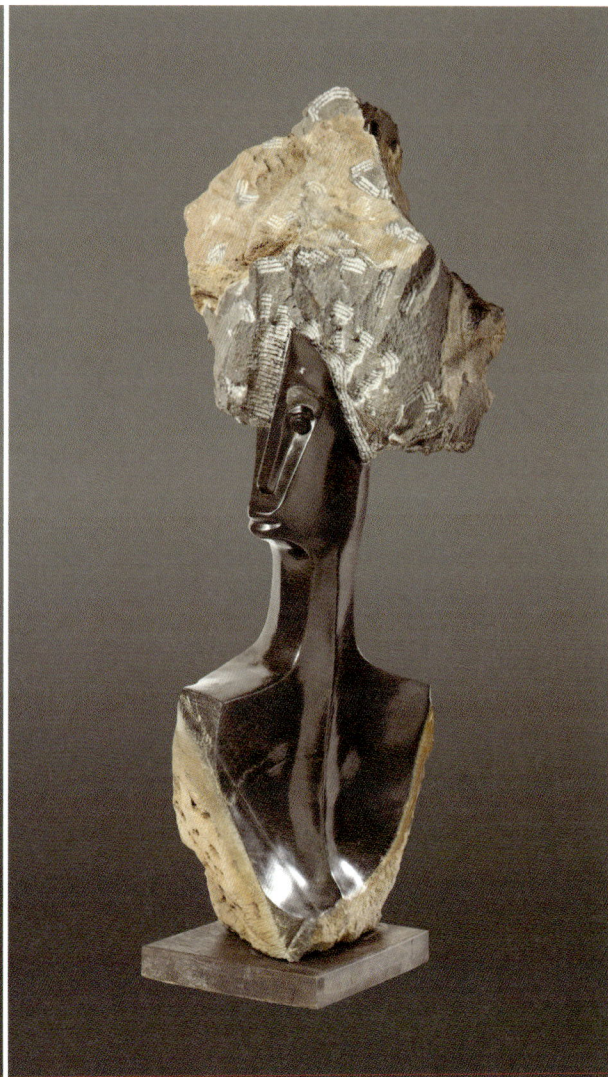

产地：津巴布韦

石雕
产地：津巴布韦

非洲的历史是用陶烧出来的

　　古老的陶土艺术因为原料直接来源于大地，所以被认为具有神性。陶器制作的每一个步骤都极为谨慎，这种谨慎，既是对神灵的敬重也是为了确保陶器在烧制过程中的成功率。西非的陶土艺术有数千年的历史。现代发掘发现在这一地区铜和铁的熔化、锻造和铸造已经持续了至少三千年。金属和陶土工艺在这一地区相互交融影响，在一些地点发现了铜铁制作的与早期的陶土烧制人像同样的人像。

　　罐子、人物和其他一些陶土烧制的物品在现在中部苏丹的很多乡村民族的日常生活中依然非常重要。在村落中，陶土艺术可以从建筑、文身刺青和其他材料的雕刻中学习。

嘎安达陶罐
产地：刚果

刚果拉河流域说乍得语的嘎安达（Ga'anda）民族使用陶土罐赋予神灵一种有形的表现。通过这些陶土容器媒介，嘎安达人与神灵发生切实的接触。传说，保护神姆博赫冷恩达（Mbirhlengnda）就附身在精美装饰过的土陶容器里，由各家供奉，置于其他拥有超自然法力的法器中。在祈雨、祈求丰收的仪式中，长者会向罐子祭奠几内亚玉米酒。

陶土容器不只有实际用途，同时也是一件拟人化的艺术作品。构成身体的球形与嘎安达妇女制作的家用陶器有相同的轮廓。神灵头部突出的嘴巴就是壶口。罐身的每一种装饰都有代表意义，比如胸前的深槽酷似嘎安达女性为庆祝性成熟而作的文身。

芒贝图陶罐
产地：刚果

芒贝图艺术因其现实主义风格而闻名，作为宫
廷艺术是用来在国王出现时表现特权的。
芒贝图雕像真实地反应了芒贝图人的外貌特
征。比如说，芒贝图人有缠裹婴儿的头以便使
颅骨拉长的习俗，这种长的颅骨在雕像中非常
普遍，并且使用一种杯子样的发冠使头颅显得
更长。

陶烟斗
产地：喀麦隆

烟袋锅的形式采用的是巴姆宫廷面具的样式，人像上是层层叠叠象征智慧的蜘蛛。嘴管部分使用珠子进行装饰。烟斗在非洲的使用非常广泛，制作精美的烟斗是主人身份、地位和财富的标志。

双人骑乘陶罐
产地：西非

这一陶罐具有嘎安达陶罐的特征，制作非常精
致，人物和马的特征写实。马上两位骑士的帽
子具有明显的欧洲特征。

德耶那骑马武士
产地：马里

德耶那（Djenne）的名字源于此类陶器出土的考古地点Djenne-Djenno，属于12到15世纪马里帝国的产物，受葡萄牙殖民者影响。那时候，只有有权有势的贵人才能拥有马匹。 关于此类陶器的用途至今尚不清楚。

非洲的历史是用铜铸出来的

13到18世纪，伊费和贝宁的铜雕是非洲铜雕的杰出代表。当时，伊费王国的宫廷艺术家们创作了许多精美的青铜雕像，显示出写实与理想相结合的艺术风格，并于15世纪中叶达到鼎盛。在各类雕刻作品中，表现最多的是人物和动物，这与当时的祖先崇拜和图腾崇拜密切相关。人物头像多数表现为国王或贵族，它们通常在宗教祭祀仪式上使用；动物雕像则反映了当时流行的图腾崇拜的对象，如豹子、雄鸡、山羊等。

铜雕技艺从伊费传入贝宁并得以发展，在君主的支持下，贝宁的铜雕艺术家发展出一种非常独特的雕塑风格。他们制造了大量精美的青铜或黄铜头像、小雕像、黄铜匾以及正方形或长方形金属浮雕，用于装饰国王的宫殿。由脱蜡法制成的饰板原先是用来盖住支撑皇宫屋顶的木制檩条的。饰板的主题大多表现皇室生活和包括统治者、战士和官员在内的仪式场景。

奥伦昆（Olokun——海洋、水与财富之神）面具
产地：尼日利亚，古贝宁王国

贝宁的皇室仪式和艺术形式致力于将国王奥巴与酋长和首领分别开来，赋予奥巴神权天授的形象。

贝宁王国的神圣力量来于创世神奥萨诺布娃（Osanobua）和创世神的长子奥伦昆（Olokun）。奥伦昆与人类世界以及财富、繁盛和美丽紧密相连。因此被称为海洋、水与财富之神。在贝宁，他的象征形象是可以生活在水中和陆地上的蟒和鳄鱼，蟒和鳄鱼是奥伦昆在世间惩罚恶人的使者。

由于Olokun是一位白色脸庞的神，所以当时由欧洲来的探险家和出售金属的商人曾被当地人看作是Olokun神的信使。

伊戈博（Lgbo Ukwu）铜勺
产地：尼日利亚

伊戈博精美的装饰风格在这个铜勺中有着非常具体的体现。点、V形、同心圆圈及锭装装饰出现在以线状浅浮雕分割出的区域中。这种精美的组合区域装饰风格在伊戈博的其他铜铸的容器和盛器中非常普遍。其最大的人像装饰在其他的作品中会被豹子、昆虫或者两栖动物所替代。

巨型烟斗
巴姆（Bamun）
产地：喀麦隆

非洲的烟斗由各种不同的材料制成，并有着
无穷多的样式：陶、石、金属、葫芦、象牙
等。金属的烟斗多采用黄铜或青铜做原料，
用脱蜡法制成，装饰极为细腻精美。烟斗的
装饰遵循着严格的规律：普通人用几何图
形，地位更高一些的人们使用动物的图案，
特别是某些与他们的图腾有联系的动物。只
有那些最高等的首领和皇室成员才被允许拥
有饰有神像的烟斗。另外一些装饰丰富的烟
斗组合了几种不同的图案主题：蜘蛛和青
蛙、蟾蜍，或者贵族的头。有时也可以找到
用珠子串制成菱形图案装饰烟杆的烟斗。像
这种特别大型的烟斗通常并不真的是为了抽
烟，而仅仅是作为地位的一种象征，由仆人
抬着或摆放在所有者的身边。

亲密的三人
产地：刚果

阿善提铜权杖
产地：加纳

铜铃
产地：西非

非洲旋律舞动世界

　　音乐，对非洲人来说就像空气一样是必不可少的，是他们生活的一部分。劳动过程中、宗教仪式里、传授知识的课堂，甚至在传统的法院、议会中，到处都有音乐的存在，音乐是他们情感宣泄、获取力量的方式。他们用音乐所表达出来的是对于生活、对于生命的热情与渴望，也只有这样的音乐才最能感动人，才会有生命力，才可能对整个人类音乐的发展都形成巨大的影响。

　　虽然我们这里主要介绍的是非洲传统乐器，但是，其实乐器的种类与乐器质量的好坏对于那些演奏者并不是最重要的，乐器可能很简单，但是他们有激情；旋律可能很简单，但是他们富于变化、善于即兴发挥。用心灵去演奏不受任何约束与限制，这才是非洲音乐最打动人的关键。

　　非洲的地貌复杂多样，有山区、有沙漠、有广阔的草原、有中央雨林和肥沃的南部海岸，地域不同，音乐风格也就随之多变。约十亿非洲人生活在不同的地区，有上千个民族，音乐的种类也是世界上最多元化的。非洲乐器以打击乐为主：鼓、沙锤、钟、锣占优势；以旋律为辅：木琴是最常见的，还有一些弹拨乐器。下面介绍一些比较典型的非洲乐器。

非洲鼓（Djembe）

非洲鼓，在非洲人中具有神般的崇高地位。鼓最能表现充满节奏活力的非洲音乐，巫师借鼓乐进行咒语仪式，以求超自然力量。因此，鼓、鼓手、巫术都会充满禁忌，诸如女性不得吹打乐器。皇家或巫术的鼓手，需要通过层层的考验才能胜任。

非洲鼓的材料十分多样，常见的是：掏空的圆木、大葫芦、陶土的容器等。除了常见的金贝鼓外，还有圆锥形的鼓，而状如沙漏的魔力单根双面鼓，又被称为说话鼓(Talking Drum)。大型鼓可放在地面表演，也有挂在肩上演奏的，放在腋下挤压的，不一而足。还有单面鼓和双面鼓——通常是山羊皮做鼓面，有些鼓皮是钉死的，但大部份以皮绳固定，便于调音。鼓的尺寸也变化多端：小如手掌，大如餐桌。

拇指琴（Kalimba）

拇指琴是非洲的传统乐器，黄昏落日时分，人们会围成一圈，用它伴奏歌唱或讲故事；长途旅行时，也会携带它来沿途消遣时间。这种小巧灵活的乐器充满灵性，是最常见的非洲乐器。

在不同的非洲国家，拇指琴有不同的名字，譬如Sanza和Thumb Piano。在肯尼亚，它叫做Kalimba，在津巴布韦则被称为Mbira，刚果人称它为Likembe。

拇指琴的发声体部分就是一根根长短不一的弹性金属条，下面则用木头或葫芦瓜作为共鸣箱。古时的金属条取材于熔自矿石的金属，现在则采用质素较高的钢。

拇指琴有很多不同的形状，钢条数目也无没定数，比如津巴布韦的拇指琴有22至28根钢条，排列成两排。

拇指钢琴主要用来伴唱，演奏时，演奏者两手拿着琴体，用两只大拇指弹奏，拇指按下再放开时，钢片因振动而发出了声音。有些拇指琴上会装上一些贝壳或汽水瓶盖，使音响效果更加丰富。

非洲木琴（Balaphon）

这是在非洲的加纳或津巴布韦都可以找到的乐器。以长短不同的木块作为发声体，音域宽广，是演奏乐曲旋律用的乐器。为了使木琴能发出更响亮的声音，在木片下会加上一些葫芦瓜，作为共鸣箱。

弓形拨弦琴（Bow Lute）

乐弓（Musical Bow）

这可能是最原始的弦乐器，直接由弓箭的弓演变过来，利用口腔、胸腔或葫芦作为共鸣体，在非洲十分普遍。

葫芦竖琴（Kora）

葫芦竖琴是非洲最有特色的竖琴，很像鲁特琴（Harp-lute），在西非塞内加尔、冈比亚、几内亚、马里等地都十分普遍。非洲人讲故事时常以竖琴伴奏。在皇室成员的生活中、乐师旅行中，竖琴都常见。

沙锤（Maracas）

也叫Axtase、Skakeres或Cabasa。

沙锤是很多民族使用的乐器，样子大同小异，上面也经常刻有民族特色图案。最常见的沙锤是在干葫芦瓜上套上一个用绳和种子织成的网，加上木柄制成，在摇晃时会发出声音。也有一些网串上有贝壳、木珠、瓷珠或玻璃珠，现代的网也会用尼龙绳编织而成。赞比亚的沙锤由数个瓜壳连接在一起制成。

演奏时，手持较小的一端在大腿或手掌上轻轻地拍就可以了。经常是成双成对地使用。

巴噶人像底座鼓
产地：巴噶（Baga），几内亚比绍

巴噶人信仰被称为卡努的唯一真神。卡努有一
男一女两个精灵助手的辅助。在这两位精灵之
下是通常以蛇身出现的监管各种入会仪式的神
A–MANTSHO–NO–TSHOL。

巴噶人有丰富的雕刻传统，20世纪50年代，在
遗弃了传统的宗教仪式转而信仰伊斯兰教后，
巴噶的艺术作品开始出现在艺术品市场。这
种稀有的大型人像鼓，是入会仪式中击打节奏
的。根据底座人像的性别，分别在男性和女性
组织的入会仪式中使用。

亚卡（Yaka）占卜梆子
产地：加纳

亚卡人使用带有一个雕刻的人头像的圆柱形梆
子鼓作占卜之用。由于基督教的传入，有时候
这个梆子上的人头形象会是耶稣基督。这一乐
器是占卜师的主要标志，是一个与诅咒和治疗
有关的复杂仪式的重点所在。梆子鼓在很多不
同的场合发挥作用。它可以作为准备和提供灵
药的容器，也可以在占卜师的葬礼上演奏。当
占卜师旅行时，每到一个村落也会敲响梆子宣
布自己的到来。如果将梆子平放在地上也可以
当作凳子使用。

多哥人像竖琴
产地：多哥（Dogon），马里

竖琴的琴弦已失，这台竖琴的琴身结构上的装
饰人像具有典型的多哥人物雕刻的特征。女性
人物跪抱的琴鼓上以浮雕方式雕刻的人像与典
型的多哥门板上的祖先人像完全一致。琴头装
饰的男性和跪抱琴身的女性表现的有可能是多
哥的男女祖先。

芒贝图竖琴（Mangbitu）
产地：芒贝图，刚果的东北部地区

中非的芒贝图人制作了大量精美的人体形竖琴，颈部弯曲，被夸张地拉长；有时会雕刻出人物的胳膊、腿和身体，但有时也只雕刻出人物的头像。

这台竖琴上的人物比较奇特，一个身体两个人头，有点像舞蹈者佩戴着孪生双面面具；身躯部分较宽，用于固定琴弦。

拇指琴
产地：邵纳，津巴布韦（Shona）

拇指琴是远古祖先发明的乐器，早在一千多年前，就已被非洲南部很多部落普遍使用。琴弦数目不固定，而且自古至今没有演奏范式，更没有乐谱，最能彰显非洲人与生俱来的即兴乐感。更重要的是，它是当之无愧的"铁的证据"，证明非洲人在很早以前就已善用铁。

这种奇特的乐器不只在津巴布韦有，但显然是被津巴布韦人发扬光大了。在各种传统宗教仪式上都能看到拇指琴，比如为求祖先和神灵保佑战争胜利、保佑避免饥荒的祭拜。

芳族玛比阿（Mabea）人像鼓
产地：芳族（Fang），喀麦隆南部海岸
地区

这个鼓的人像底座是非常典型的芳族玛阿风格
的人物雕像：双发冠的发型、杏仁状的眼睛、嘴
唇微启。人物高而瘦，肚脐突出。躯体拉长，肌
肉明晰，胳膊拉长到大腿处，腿部略弯曲，好像
在使力，创造出稳重而坚固的整体感。

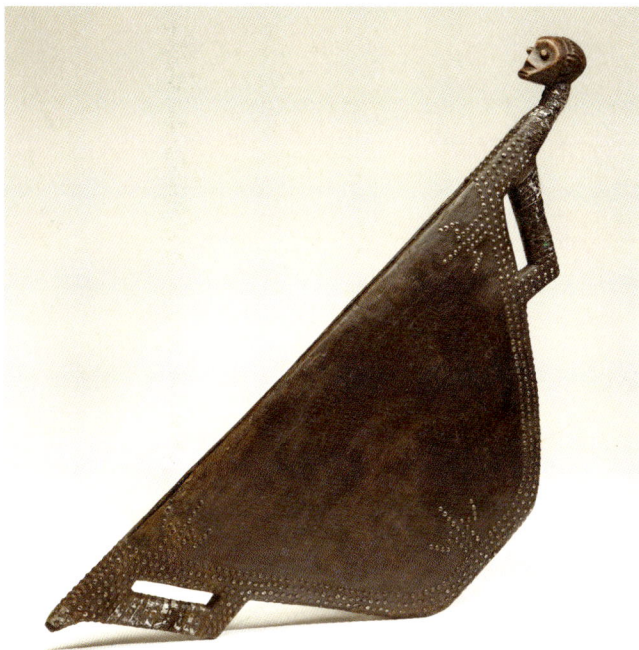

芒贝图（Mangbitu）木鼓
产地：芒贝图，刚果的东北部地区

芒贝图艺术因其现实主义风格而闻名。作为国
王出现时表现特权的宫廷艺术，其作品也包含
有各种不同的乐器，这种扁平的、菱形的木质
锣鼓非常著名。它们是经过仔细设计、认真制
作的美丽物品，表面用泥巴抹黑，使用铜钉的
排列进行装饰，既在正式的、进行各种仪式的
场合使用，也用于军事征战时的互相沟通。锣
鼓不同的音调可以生动模仿音调语言，声音能
够传出远距离的锣鼓尤其受珍视。

鲁鲁阿人像鼓
产地：鲁库拉（Lukula）地区的鲁鲁阿
（Lulua）族，刚果

鲁鲁阿人物雕像具有复杂的纹身和非常典型
的类似于冲天鬏的发型。1888年，文身的使
用被严格禁止，20世纪20年代禁令废止，文
身重新出现，但样式简化了很多。这只鼓的
造型非常独特，女性人像的躯干自一侧掏空
形成扁状的鼓身，鼓槌自侧面缝隙深入躯干
内击打出声。这是一件打破我们对于鼓的传
统定义的乐器。

鲁鲁阿人像号角
产地：鲁库拉（Lukula）地区的鲁鲁阿
（Lulua）族，刚果

鲁鲁阿男性人物雕像骑坐在编制精美的号角
上，与上面的鼓一样，性特征的夸大有可能
表现的是鲁鲁阿的男女祖先。号角由于通常
用于召集、呼唤以及命令，因而也是一种权
力的象征。

华丽的号角
产地：巴姆（Bamoun），喀麦隆

西非和中非的很多文化中，每当统治者或国
王出席招待会、政务、议会或战争活动，都
会有吹号的传令官相随。在乡下，传令官使
用的是木制的象牙形横号，或者号角；而在
皇室，使用的则是象征特权、至高社会地位
的象牙号角。

15、16世纪，葡萄牙人发现了尼日利亚和安
哥拉的号角，遂流传到欧洲。但是喀麦隆大
草原地区的传令官和华丽的象牙号角直到19
世纪殖民时期才被德国人发现。按照早期的
图片资料显示，这种巨大的象牙号角，安放
在国王的宝座前，以此昭示他的重要地位和
影响力。

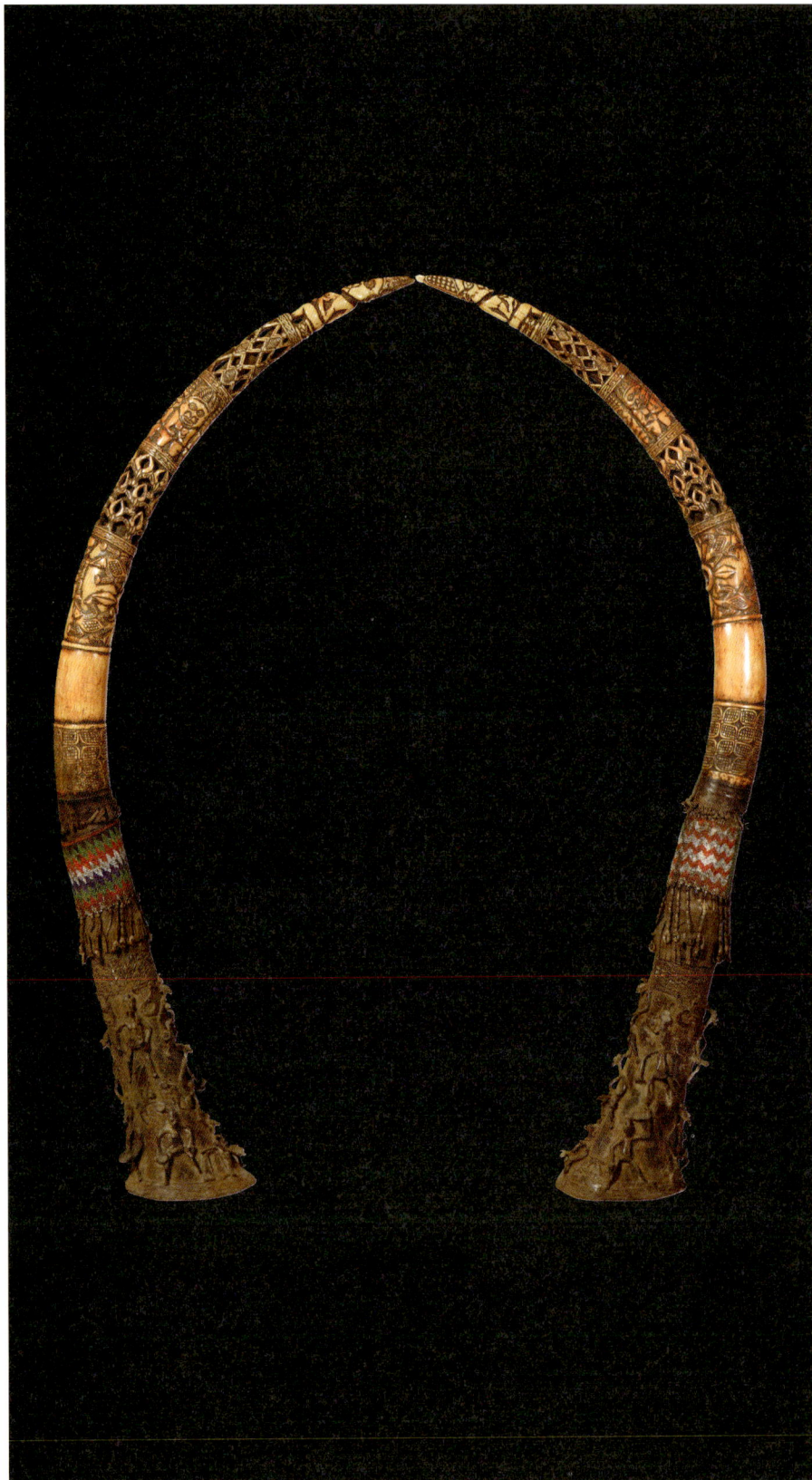

马孔德鼓

产地：马孔德，坦桑尼亚

这个鼓的形态取自马孔德男孩成人仪式所使用的面具。其相关说明见"非洲面具的故事"篇章。

巴噶人像底座鼓

产地：巴噶（Baga），几内亚比绍

人头造型鼓
产地：赞比亚

马孔德鼓
产地：莫桑比克

沙锤
产地：加纳

非洲面具的故事

最后一缕晚霞从天边消失，篝火把所有人的脸映得通红。和着铿锵的鼓点儿和沉重的号角声，笛子鲜明的音符在空荡的夜色中召唤着古老的神灵、震撼着每一个人的心。一个在非洲部落中举行的传统仪式就这样开始了。

这是个以面具的名字命名的仪式，在这个仪式中面具无疑是主角。面具佩戴者是一个被挑选出来的强壮的汉子，他佩戴着面具，时而漫步，时而奔跑、舞蹈甚至做出许多类似特技的动作。他用一种只有本部落人才能听懂的语言，以很快的节奏诉说或歌唱着，还不时发出一些怪异、神秘的声音。音乐为它伴奏，有人为它伴舞，充满激情和神秘感的音乐旋律和舞蹈使所有围观的人们渐渐如痴如醉。面具，逐渐把人们带到属于他们的精神世界……

面具在地球上每一块大陆的文明中都曾出现过。就像上面这段文字所描述的，它帮助人们沟通了现实世界与精神世界两个不同的空间。在北非国家阿尔及利亚南部，绘制于公元前4000年的岩石画中已显示出人们使用面具的情景。时隔数千年的今天，生活在撒哈拉沙漠以南地区的很多非洲人，出于与他们祖先同样的原因，依然在使用面具。但必须说明的是，不论是陈列在博物馆中作为艺术品向人们进行展示的面具，还是被锁在收藏家柜子中用天价收购来的古董，对于非洲人来说都早已变得毫无意义。因为，在他们看来，没有仪式，没有佩戴者，面具就不能显示出神灵所赋予它的魔力，也就没有了任何价值。

在非洲，每一个面具都代表了一个不同的神灵或祖先。在部落及宗教团体所举行的那些集会或仪式中，面具主要由男人佩戴。仪式上一旦佩戴面具，佩戴者便成为他所要表现的神灵，并具有神灵或祖先所具有的全部超自然的能力、权力，他们使用这种能力来维系原有社会体系的存在，维护法律、消除疾病、保佑平安等等，当然，有时也用来娱乐。

在我们看来，面具通常是被戴在头上，遮住脸部。但在非洲，面具的含义远不止这些，它还包括穿在身上的装束及一些配件和护身符。装束的外形和材料是根据面具具体的特性而定的，比如丛林神灵的装束通常采用植物纤维，祖先面具的装束通常采用一些织物；配件则可以是棍子、高跷、匕首、鞭子或掸子等等，它们都有不同的含义。佩戴护身符和药物是为了提高面具的能量。面具的名称决定了仪式的名称，不同的面具有不同的仪式和伴奏的音乐，不同的面具搭配不同的装束。

非洲面具本身有很多种形态，大体可分为四类：一类是像脸一样只遮住面部，一类是被顶在头上的，还有一类是头盔套住整个头部，最后一类是一块被绑在头上的平板，或很长很高，或很宽很大。无论哪种面具，大都是用一块完整的木头制成的。

不论是绘制的还是雕刻的，面具上的图案都很夸张。多数图案采用对称的几何形，如平行的线条，矩形、之字形、十字形、曲线和螺旋形。每种图案都有特定的含义。比如不同的几何图案有时用于区分男女。用刺青痕迹装饰在面具上能提高社会地位或是赋予某种魔力。还有各种如装饰头顶的编结的发型等细节装饰。从一些图案中也可以看到伊斯兰文化的影响。

非洲面具所采用的原材料各种各样，主要是木头，也有铜的、象牙的甚至是陶土的。通常使用贝壳、彩色的珠子、骨头、动物毛皮和植物纤维进行装饰。使用木材制作面具主要有两个原因：在森林中、草原上有着充足的树木。同时，人们认为树木具有灵性，是面具神灵居住的地方。砍伐树木之前，砍伐者为向树木之神表达敬意会献上祭品，请求它允许被砍伐。这种仪式常见于许多古老的文化中。木制的面具通常会使用从蔬菜、植物的种子、树干、矿石、土壤和昆虫中提炼的天然颜料来上色。有时也会洒上一些祭祀动物的鲜血以提升它们的魔力。

在非洲的部落社会里，面具的制作者们处于一种极受尊敬的地位。为社会和宗教仪式提供各种不同的面具和雕像是他们的工作。成为雕刻师可能需要很多年，通常这些技艺是以父传子的方式从他的家族中传下来的。

非洲的面具，与其他来自任何大陆的艺术精品一样，现在已经得到了高度的认可并在人类艺术的领域找到了它们真正的位置。

库巴（Kuba）族布窝姆（Bwoom）面具
产地：刚果

这个前额凸起的面具代表的是布窝姆，神沃特之子。布窝姆和兄长瓦什·阿·姆博伊姐妹娜迪·阿·姆博伊一起，被父亲送到人间来建立库巴王朝。布窝姆觊觎兄长姆瓦什·阿·姆博伊的王位和妻子娜迪·阿·姆博伊，因此与姆瓦什·阿·姆博伊展开了一番争斗。同时布窝姆也象征性地成为普通大众的代言人。

根据皇家历史，这个面具表现的是国王的兄弟因为杀死了国王的侄子而发疯，面具眼睛上白线（这个面具中是使用珠子串成的）就是证据。

布窝姆面具通常有一个宽大的鼻子，佩戴者可以通过鼻孔看到外边。

科特（Kete）面具
产地：刚果

科特人生活在库巴王国的南部边界地区。他们制作类似布窝姆面具的、带有圆锥形眼睛，有时带有角的面具和人物雕像。

班巴拉族（Bambara）基瓦拉（TJY-WARA）头饰
产地：马里

对生活在马里的班巴拉人来说，从事农业是最重要和高尚的职业。作为把耕种技术传授给班巴拉祖先的"农业神"，基瓦拉备受尊崇。在种植季节，信奉基瓦拉的农人们在田间戴着这样的头饰舞蹈，以示崇拜和感恩。

基瓦拉头饰总是一雄一雌，成双成对地出现，形象酷似羚羊。男性基瓦拉的长角象征着黍米作物的茁壮成长；阴茎代表谷物的根系；长耳朵寓意耕种时倾听女人为鼓励男人而高唱的歌曲；在颈部展开的之字形图案象征太阳在地平线的两个至日之间的轨道。

在收获舞蹈中，女性基瓦拉头饰总是和男性头饰一起出现，代表地球，背后的婴儿象征人类，与头饰配套的纤维象征水源。男性和女性的头饰组合，便达成完整的象征，强调了农业生产的必要要素：太阳、水和植物生长在地球里的根。

穆瓦纳・普瓦（Mwana Pwo）面具
产地：超科威，刚果/安哥拉/赞比亚

用于庆典舞蹈的穆瓦纳・普瓦（年轻女子）面
具，据说可以增强观看者的生育能力。

面具刻画出年轻美貌的女性祖先形象，拥有显
著的对称特征，前额饱满，牙齿整齐，文面刺
青。面具的刺青，包括额头上的刺青图案，可
能是启发雕刻者灵感的真实女性形象的单纯复
制。额头上的图案也有可能是于17世纪进入超
科威地区的葡萄牙航海者带来的、用于贸易的
锡坠。

恩功唐（Ngontang）
产地：芳族，加蓬

恩功唐面具主要用于发现邪魔、并驱邪的巫术。

在芳族中，白色与祖先世界有关。盔式面具上的人脸也被涂成白色，在出生和葬礼时使用。恩功唐面具最初产生于20世纪20年代，是一个"白人少女"的形象。这种盔式面具或套在头上，或顶在头顶（如果盔的尺寸太小），通常是两面或者四面。多张人脸的象征意义并不是很明确——可以被解读为男性和女性，或寓意生、老、病、死。

水神宛坦塔伊（Nwantantay）长板面具
产地：布瓦（Bwa），布基纳法索

在这个面具中，布瓦人将鸟的特征融合起来，因为鸟在神灵世界占有一席之地：同心圆衬托出的眼睛，可以联想起猫头鹰的形象；额头上伸出弯钩，暗示犀鸟。木板上的几何装饰也各有暗示。一排排的小三角形代表羚羊的蹄印，也可以代表阳性数字3，或是为了唤醒神灵的牛吼。棋盘格中的黑格代表披在长者身上的深色羊皮，寓意深邃的智慧。白格代表披在年轻人身上的浅色新羊皮，意味着未经世事的纯洁。

姆功郭（Mugongo）面具
产地： 萨拉姆帕苏（Salampasu）族，
刚果

萨拉姆帕苏 ，当地语意为"蝗虫猎人"。 萨
拉姆帕苏人拥有面具的数量，意味着财富和才
识的多寡，代表拥有者的社会等级高低。

"姆功郭"（Mugongo）是萨拉姆帕苏人武
士社团的名称。武士社团的主要任务就是保护
领土免受侵略。男孩到达一定年龄，就要被带
到一个远离村庄的地方接受成人教育，在完成
割礼后加入姆功郭武士社团。在等级分明的社
团中，他们需要通过特定的考核、交付大量财
物——包括牲畜、酒和其他物品——才能逐步
提高自己的等级，佩戴并拥有更高等级的面
具。

姆功郭面具就是武士社团中最主要的身份象
征。拥有一个新面具，其他的面具拥有者就会
向这位新晋成员教授与这一面具相关的深奥知
识。拥有面具越多，拥有者的财富和知识也就
越多。

姆功郭面具标志着三个社会等级：猎人、武
士、酋长。代表社会低等级的面具是用木头雕
刻而成的，涂有各种颜色；最高等级的面具镶
满了铜片，因为在这片稀树大草原地区，铜就
意味着财富和领导权。大多数的面具都有凸出
的前额、倾斜的眼睛、三角形的鼻子和暴露出
牙齿的长方形嘴巴，充分表现了武士所特有的
严律威武的气魄。

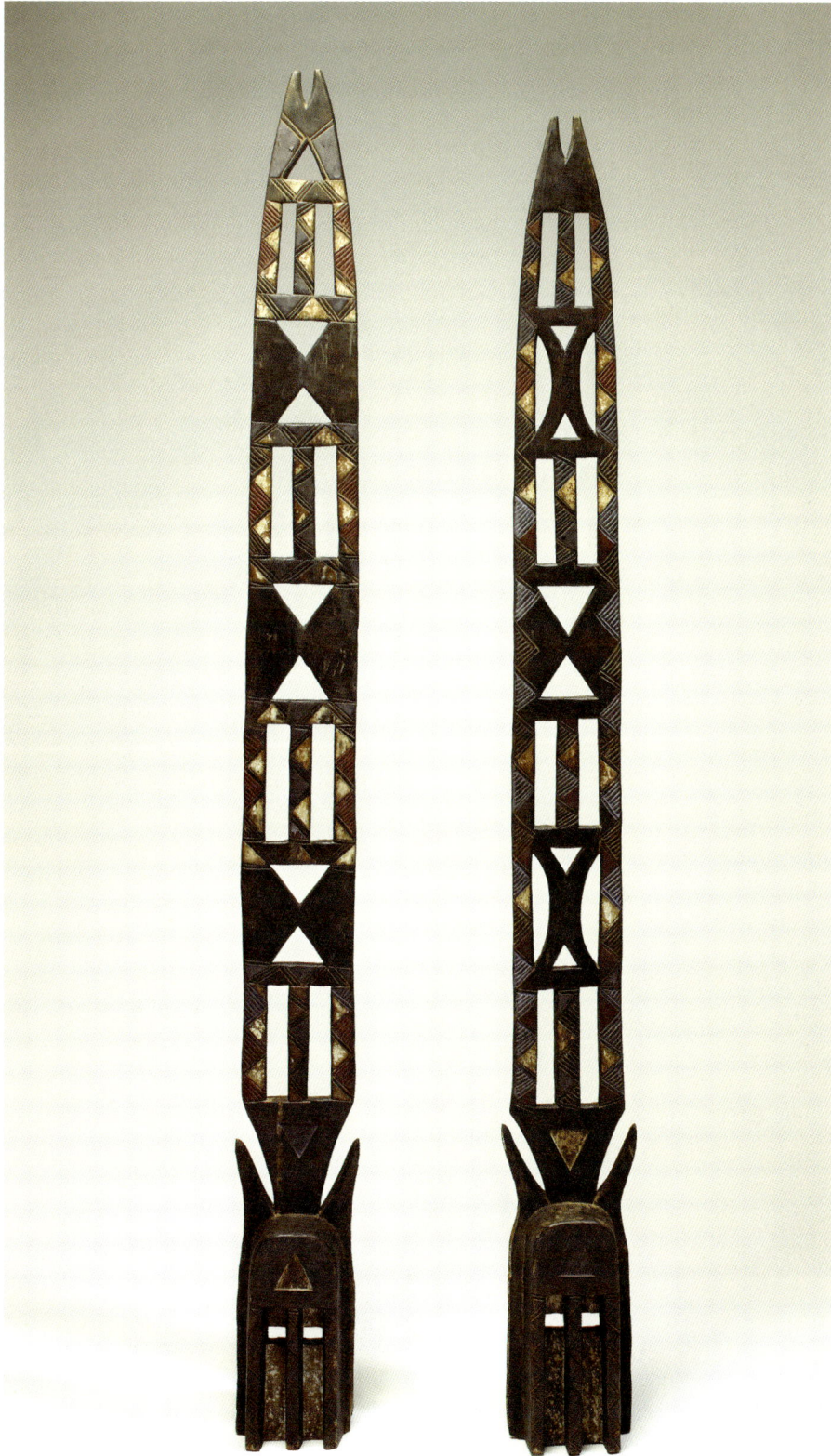

多哥（Dogon）斯瑞之（Sirige）面具
产地：多哥，马里

多哥的面具是有魔力的。如果面具在舞蹈中破碎，舞蹈者和社团的高层人士会努力避开旁观者的视线修理面具。对其进行任何的修正都需要秘密地进行。面具引用传统神话中的动物形状，但只有仪式群体中最高等级的成员才能理解其象征意义，并向观众解释每个面具。

斯瑞之面具长达几米，表现的是金纳（Ginna），是俗世与神灵世界的桥梁。这种面具只能由年轻力壮的成年人操纵。他们佩戴着面具跳跃，头前倾、后仰、侧伸着做出盘旋的动作，必须有出类拔萃的体能才行。

通常，佩戴斯瑞之面具的舞者都身穿用染红的纤维制成的服装，但如果表演者的妻子正处在怀孕期的话，他的服装则染成黑色。因为在多哥，红色代表经血，会给他的妻子带来伤害。

赞比亚彩绘面具
产地：赞比亚

这种彩绘面具作为现代家庭装饰的一部分，已
经脱离了其原有的作为人类与祖先和神灵沟通
媒介的神圣功能，而演化为一种纯粹的装饰
品。在这样的面具中，创作者可以尽情挥洒自
己的想象将各种不同的人物和动物元素以及色
彩加注其上，得到的效果大胆而奔放。

杰·巩（Gie Gon）面具
产地：丹（Dan），科特迪瓦

杰·巩面具立体感很强，鹅蛋形的脸庞上，眼
睛狭长，额头很高，鼻梁细长，并且笼罩着淡
雅的铜绿色，是极典型的表现女性的面具。这
种面具气质素雅，富有吸引力，整体造型模仿
了男性与女性生殖器的结合，暗示着面具的功
效。佩戴这种面具的舞者会出现在祈求生育的
仪式中，动作优雅而舒缓。

班松伊（Bansonyi）蛇形头饰面具
产地：巴嘎，几内亚

巴嘎的蛇形头饰面具可高达260厘米，通常呈
波浪形，有多彩的色彩装饰，有时有玻璃镶嵌
而成的眼睛。班松伊面具会在最重要的部落成
员的葬礼中出现，通常由舞蹈者扛在肩膀上。
这个班松伊面具表现的是一条直立的巨蟒，
代表蛇神 A–MANTSHO–NO–TSHOL（药
师）。在大多数的巴嘎群体中，只有青春期的
男子才能够学习蛇神的奥秘，在成人仪式中，
佩戴蛇神面具就表示进入了成人世界。班松伊
面具就是最强大的神灵依附体，能抵御可能导
致村庄遭遇不幸的巫术，以及各种破坏力量。

Ben Ji面具
产地：刚果

惹（Je）群体的羚羊前额面具
产地：古如（Guro），科特迪瓦

这个褐色的面具表现的是白纹大羚羊。眼睛狭长，双耳直立，额头的白色取自真正羚羊前脸的白色毛皮。面具辅助的服装用大量棕榈植物纤维或者草编制而成，将舞蹈者的身体完全遮蔽起来。在宗教仪式中，这种动物面具最先出场表演，为随后登场的更强大的拟人化角色做好铺垫。

普姆布（Pumbu）盔式面具
产地：本德（Pende），刚果

普姆布面具代表了酋长的权力和权威。面具的
造型是一个有头骨帽子的圆柱体，垂直的下
巴上装饰着几何图案，胡子是用植物纤维做成
的。一行行的三角形及间隔的钻石形代表了酋
长的权力。突出白色边缘的圆柱形眼睛表达的
是不可遏止的愤怒，意在唤起看到这一面具的
所有人的恐惧。

普姆布是本德酋长拥有的三种面具之一，并被
认为是最危险的一种。面具本身可能并不被认
为是具有力量的实体，但是当与舞蹈融为一体
的时候，就能在整个群体中成为主控力。当部
落社会遇到严重问题、酋长必须重申自己的权
威时，这一面具必会出现。

在殖民统治前，佩戴普姆布面具的舞者身穿酋
长的服装，带着武士的弓箭和短剑，标志着酋
长拥有一切军事、行政和掌控生死大权的绝对
权威。舞蹈中必须用绳子限制舞蹈者的活动范
围，拿着鞭子的年轻人将围观者驱赶离开舞蹈
者的安全区域。在舞蹈结束时，面具的舞蹈
者会挣脱绳子的束缚，并杀死一只遇到的动物
（通常是鸡或者羊），以显示其致命的力量。
也有学者认为，普姆布表现了酋长必须面对生
死问题的勇气。

约鲁巴（Yuruba）珠饰冠冕
产地：约鲁巴，尼日利亚

约鲁巴的珠饰冠冕是非洲最富特色的艺术品之一。约鲁巴国王的王位标志中最重要的部分是王冠，珠子沿额头垂下，遮挡统治者的脸庞，不光是为了掩藏国王的模样，也能让臣民免受强大国王的直视。

王冠顶部，用鸟排列出的环形构图强调了王冠的权威。这种鸟据说是皇家天堂鸟（Okin），体形微小，却因为雄鸟长有雄伟的长羽而被奉为皇家象征。鸟也代表具有超自然强大力量的伟大"母亲"，或是女巫，她允许国王分享自己的超能力。高耸的皇冠也传达出高贵和神圣的威仪和气质。现在，类似的冠冕经常会作为礼物送给重要的客人。

女神脸部面具
产地：利比里亚

这是一张近乎完美的女性脸庞。挺直的鼻梁、清秀的眉眼，牙齿整齐，唇的线条也非常清晰。 面具有明显的岁月和使用的痕迹，整个面部的表情平和而喜悦。民族不可考。

马孔德（Makonde）孕育面具
产地：马孔德，莫桑比克

面具以写实主义风格表现了怀孕女性的身体轮廓。这类面具通常用于马孔德男孩的成人仪式，只能由男性佩戴，在舞蹈中模仿怀孕的女性的动作，表现仪式中的女性角色。

女性人像头盔式面具Barbier-Mueller（Degele）
产地：希努佛（Senufo），象牙海岸

这个站在头盔上的女性人像非常引人注目。短腿、突胸、没有胳膊是这种风格的典型特征。脖子上的环状突起也是其他希努佛雕像的特征，并综贯整个身躯，给整个残缺的身体以之字形的轮廓。 根据最近的研究，这种轮廓可能代表了亡者在葬礼中被拧起来的裹身布。这种形象在Poro社团的口述传统中象征记忆，在谚语、诗剧、仪式文字和故事中都有隐晦提及，具有强烈的圣物气质。

高玛舞蹈面具
民族：高玛（Goma），刚果

希努佛（Senufo）巫医帽饰
产地：马里

希努佛人是被西方世界最早认可赞扬的非洲部落艺术家之一。他们的创作——人物、面具可以以写实为特点，也可以以充满节奏感的几何形状和空白与漫溢装饰间的对比为特征。
希努佛人制作三种类型的头饰。一类是一种小型的顶着一个女性雕像的木头帽子，在庆典中赞美村庄里最丰产的农人。第二类就是这里所示的由巫医佩戴的带有一对动物的角形装饰的帽子。还有一类在Poro社团的进入仪式中使用。

处女神面具（Agbogho Mmwo）
产地：伊波（Ibo），尼日利亚

伊波人的面具分为两种：一种代表女性理想美德，一种代表男性力量。处女神面具就是前者的体现，面部通常涂成象征神灵的白色，顶部的精美而夸张的发式表现了处女的美丽和纯洁。

这完全符合伊波人对女性美的理解：个子高挑、脖子纤长、乳房丰满挺立、肤色白皙、面目精致、发式精巧（尤以冠状发型最受欢迎），面部特征由脸部的刺青凸现。这种气质也反映了伊波男性所追求的精神品质——白皙的肤色反映出的纯洁；精致的面部特征反映出的优雅；由舞蹈显示出的顺从、良好的性情和宽宏的品质。还有由通常被认为是财富或权势象征的冠状发型，意味着她的婚姻能给家庭带来的丰厚嫁妆。

伊波艺术家喜欢使用红色、橙色、黄色和黑色的染料来装饰处女神面具。这种面具主要由男人佩戴，在收割和丰收庆典上，处女神的出现是为了守望生者，促进丰收、生产和财富。重要的社会成员的葬礼上也会看到处女神，通过极具戏剧性的面具和夸张的表演，将亡者送入神世界。在其他仪式上，处女神的面具表演更具有戏剧性，以达到娱乐群众和神灵的双重目的。

利皮科（Lipico）马孔德盔式面具
产地：马孔德，莫桑比克

利皮科盔式面具是马孔德人最出名的面具，用来标志男孩成人、进入男性世界，具有写实的面部特征，通常会植入毛发，并刺有纹面装饰。

巴姆（Bamum）大型宫廷面具
产地：巴姆，喀麦隆

这样的大型面具通常并不用来佩戴，而是放在一个竹编的底座上。平时保存在特别的屋子里，在旱季过后的第一场雨时请出来，摆放在宫廷的庭院中。然后，国王自己会戴着面具、跳着舞蹈出现。

野牛、豹子、大象、蛇作为皇家权利的符号也经常出现在这些大型面具中，兼具象征社会政治、统治、公正和戏剧的功能。

带女人像的茂斯·卡郎噶（Mossi Karanga）面具
产地：布基那法索

茂斯的雕刻面具色彩斑斓，是在葬礼中佩戴的，用以保护庄稼，作为图腾存在，不用时必会悉心保存，并不时祭拜，以祈求日常生活的福佑。

茂斯面具主要有三个类型。卡郎噶存在于布基那法索的北方地区，主要特征就是平板上站立的动物图腾或者重要的祖先像。

亚卡（Yaka）迪姆巴面具
产地：亚卡（巴亚卡），刚果

这些面具通常具有华丽的装饰，结构抽象——有时像泰国塔，有时像动物的形状，用小细枝制作，然后蒙上纤维织物，最后描绘上色。其作用在于恐吓大众，医治病人和施法。是亚卡人特有的面具。

亚卡占卜师因为拥有法术并能够激活法器，在亚卡社会中有很重要的地位。法器中当然包括了具有保护和伤害力量的面具。 面具在成人仪式、打猎仪式中非常普遍，形式非常多样，且大多色彩艳丽。

库巴（Kuba）族姆瓦什·阿·姆博伊面具
产地：刚果

这一复杂的有着象鼻子和豹纹的面具，代表库巴王权的神话起源和在仪式中王室权力的表现。面具的形象表现的是神沃特和第一个国王姆瓦什·阿·姆博伊（Mwaash A Mboy）。姆瓦什·阿·姆博伊娶了他的妹妹娜迪·阿·姆博伊，并和他的兄弟布窝姆发起了一场权力争斗。与大多库巴艺术一样，面具装饰有繁复的几何抽象设计图案。

森林之神面具
产地：古如（Guro），科特迪瓦

古如的艺术作品非常精炼，具有几处比较明显
的特点：人物面具的脸较长，前额和鼻梁形成
一个优雅的S形轮廓。前额和脸庞上的浮雕纹
样，代表男性的文身，亦即有身份的象征；另
一个特点是宽厚的木领，用以连接椰木纤维的
斗篷。面具有黑色、褐色也有彩色的，并常见
人兽同形的特征：在人类的脸庞上添加大象的
耳朵，或者头上顶一个小公鸡或其他鸟类的
头；发型通常用精心雕刻的几何图案表现；再
加上兽角，或是图腾动物的形状。这些面具大
多都是彩色的，附带厚重的蒲草布制成的服
装，能将舞蹈者的身体完全遮挡起来。

维（We）窝俾（Wobe）面具
产地： 科特迪瓦

维（We）这个名称的含义是"容易宽恕
的"。维的面具拥有丰富的表现力，附有贝
壳、铃铛、钉子和羽毛等饰品，维族人相信，
它们可以加强面具的魔力。整张脸庞拥有别致
的立体感，嘴唇微启，仿佛若有所言。

巴米勒科（Bamileke）野牛面具
产地：巴米勒科，喀麦隆西南地区

野牛体魄强壮，象征着力量。戴在头顶的野牛
面具，是各种仪式舞蹈程序中很重要的一部
分，其等级仅在猎豹和大象之下。野牛面具被
认为是国王的财富。除此之外，巴米勒科还
有大象面具，布饰上有珠子。

巴米勒科（Bamileke）大象面具
产地：巴米勒科，喀麦隆

以前作为一个武士社团的Kuosi（大象社团），现在的成员是由有权有钱的人士组成。甚至国王自己也可能披挂上阵出现在足以展现王国财富的、大象社团每两年一届的庆典中。大象社团的面具如瀑布般遮掩着佩戴者的前胸和后背，蜿蜒而下，象征着大象的长鼻子。与面具配套的服装包括珠子装饰的长袍，用靛青染制皇家布料和豹皮。头饰可以连接在面具上或者单独佩戴。有一些头饰以鲜艳的羽毛著称，膨胀的形态宛如盛放的花朵。大象社团的首领直接受国王的领导，其中有些人会被特许佩戴用珠子装饰的代表皇家的豹子或者大象的头冠。

犀鸟头顶面具
产地：奴那族（Nuna），布基纳法索

奴那人坚信，围绕村庄的荒野森林、灌木丛和河流中居住着神灵，并期望能够得到神灵的庇护。为了敬神祈福，也为了得到神灵帮助以抵抗黑巫术的破坏，奴那人和其他一些民族一样制作出可以看得见、摸得着的面具。
奴那的动物神灵面具刻画了具有神奇力量的动物。面具属于希望这些神灵保护的家庭和家族的人，在葬礼、仪式和集市日佩戴，并辅以舞蹈，祈求赐福。
奴那面具的典型特征包括：大而突出的眼睛，彩色染料突出的几何图案。犀鸟的造型很有普遍性，更特别的是，这个面具上还留有祭奠形成的自然痕迹。

芳（Fang）族 Ngil审判面具
产地：芳族，加蓬

这些浅色的面具代表祖先的神灵，被Ngil社团用来控制社会和裁决纠纷。在庆典、处罚犯错者的仪式中，组织中扮演治安力量的成员就会戴上这个面具。面具抽象的脸部，强壮有力并且优雅的线条是芳族面具的典型特征，这些特征对于20世纪的现代艺术有着重大的影响。
法国殖民者在1910年一系列宗教谋杀后，颁令禁止使用这种面具。但芳族人始终以审判面具及其深重底蕴为傲。在他们重新找回传统的过程中，这一面具的制作也出现了很多创新变化。

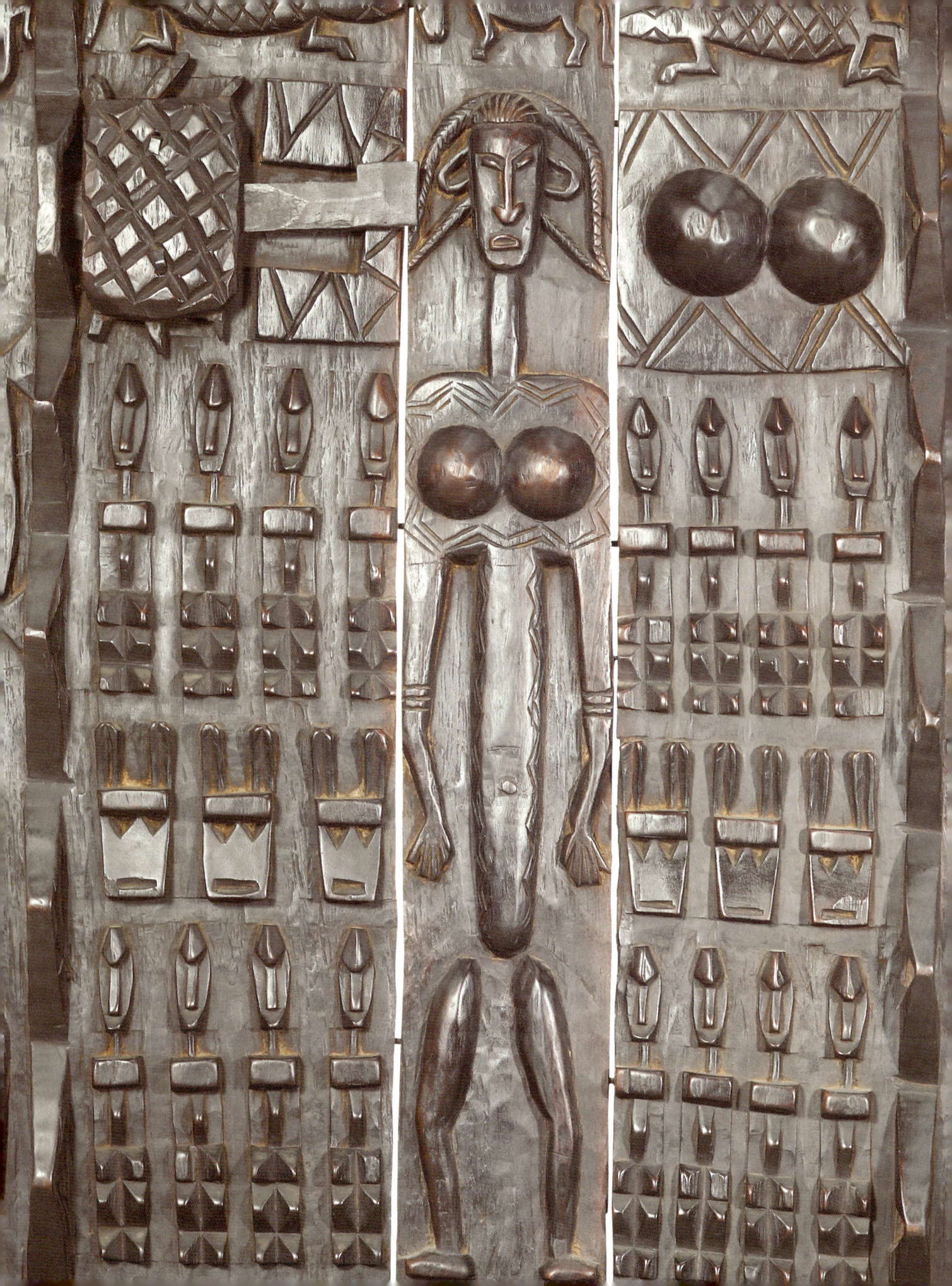

神器，居家护佑

　　在旅游市场出现以前，非洲不存在单纯为艺术而创作的艺术作品，也没有只以装饰为目的而制作的装饰品。神性不只赋予给了供奉在神坛上的神灵，日常生活中的诸多用品：门口的柱子、墙上的挂件、坐的凳子、用的盒子，甚至盛饭用的勺子都可能雕刻上神灵的形象，成为保佑家庭安康富足，驱除邪灵的力量。这种功能性是非洲艺术的独特魅力之一。

邦瓦（Bangwa）房柱
产地：喀麦隆

邦瓦人从不生活在村镇里。纵穿山岭的复杂的
小路将每个家庭的院落联系起来。院落的前方
是用于会见和聚会的大屋，屋前有一片敞开的
舞场。院落里面，每一个妻子都有各自的房
子，用于她们和自己的孩子做饭、工作和休
息。在高大的植物栏杆后，院落主人享有较为
隐秘的住所，并在这间房子里保存传家宝和祖
先头骨，以便接受祖先的启示。

这些高大坚固的房屋看起来令人印象深刻。因
为平坦的地点很难找到，所以院落所在的地方
都是通过大量的手工劳动平整出来的。传统的
邦瓦房屋建在很浅的石头圆形地基上，覆盖着
圆锥形的毡草屋顶。房屋的柱子多会被雕刻，
其典型的造型便如本例所见。

多哥（Dogo）Kambari祈雨神像
产地：多哥，马里

多哥人以农业为生，生活在马里大平原东北的
绝壁上，这一地区雨水稀少，勉强可以应付
所需的灌溉。多哥族Tintam人的雕像具有自然
主义的特征。女性通常携带着装水或者药的罐
子，而男性则上举着双臂。

马孔德女祖先像
产地：坦桑尼亚

根据马孔德传说，神创世纪后，第一个男人
在丛林外游荡，他用木头雕了一个女人，雕
像活过来，和他成亲，并生了很多孩子。这
个从木刻雕像中获取生命的始母便是备受崇
拜的马孔德女祖先，这类女祖先像木雕就是
表达对她的祭奠和崇拜。

神像
刚果

特卡那木碗
产地：肯尼亚

日常用品——床
产地：喀麦隆大草原地区

大草原地区的许多王国的艺术都与国王和重要的酋长有关。这些统治者通过在重要的仪式中展示王权用品来表现自己的权力。床和凳子一样是这些用品中最重要的组成部分。主题包括豹子、人像和人头、蜘蛛、蜥蜴和其他的一些物品以及抽象图案。蜘蛛，通常是用抽象的方式表达，是智慧的符号；豹子，寓意机智、快速、机动和敢做敢为，象征着生存能力，同时也是皇室的符号，代表着国王的另外一面。

出行仪仗

产地：西非

捧罐的比考姆（Bekom）族国王像
产地：Bekom族，喀麦隆大草原地区

这件人像表现了喀麦隆大草原地区统治者的典型特征，尤其是形状特别的帽子、项链。碗盖上的蜥蜴和支撑碗的豹子都是王权的标志。整件雕像有因祭奠而自然形成的锈迹。

端坐人像罐子（男）
端坐人像罐子（女）
产地：西非

带盖的储物箱
产地：Bamum族，喀麦隆

这种雕刻精美的容器是喀麦隆大草原地区繁复
装饰风格的典型代表。人物的躯体有着明显的
动物特征，四肢道劲有力，有趣的是人物梳的
是只有统治阶级才会采用的发饰，以此可窥见
其身份的尊贵。而这样尊贵的人物采用的却是
卑微的跪伏姿态，这个盒子的用途很是耐人寻
味。

卡法（Kaffa）头靠
产地：埃塞俄比亚

埃塞俄比亚是非洲最古老的独立国家。生活在
埃塞俄比亚南部的Gurage和卡法（Kaffa）人
在睡眠时保护精心制作的发型而使用的头靠。
这些头靠通常是由圆锥或者双圆锥的底座支持
一个月台。镶嵌有小三角形装饰的头靠通常被
认为是Gurage人制作的，而大多双圆锥底座
的头靠则被认为是卡法人制作的。

巴萨（Bassa）女性雕像
产地：加蓬

孔果（Kongo）带草编底座的索龙勾（Solongo）神像

产地：孔果，安哥拉

这座神像极具收藏价值。为了获得神灵的庇佑、请求得到神灵的帮助，孔果人会对神像大声喊叫，并将钉子钉进这位神灵的木制雕像中，使神能知道他的愿望并帮助他。神像细腻的面部与钉子粗糙的对比，形成独特的冲击力。

亥巴（Hemba）凳
产地：刚果

亥巴人依照共同的祖先分为几个大的宗族。
每个宗族的族长被称为富姆·姆瓦罗（Fumu
Mwalo），族长同时也是祖先神像的保佑者。
他的裁决地位和作为宗族族长的地位，意味着
他拥有接受大量财物的特权。
这种使用人物形象作为支撑的凳子，是富
姆·姆瓦罗在主持会议时使用的。其上举的手
和脑后的发型都是亥巴人像的典型特征。

马孔德凳子
产地：马孔德，坦桑尼亚

马孔德艺术家喜欢使用人物形象装饰日常用
品。其人物雕像大多是站立的男人或者女人，
象征马孔德的男女祖先。这个凳子的人物面部
具有典型的马孔德脸部特征，比如突出的厚
唇，面部的文身。凳子边缘的贝壳曾经是非洲
普遍流通的货币。

巴乌乐（Baule）占卜罐
产地：科特迪瓦

巴乌乐人相信老鼠可以作为神的信使（有的地
区使用的是昆虫）。将一只老鼠放在罐子的下
层，将小棍子放入罐的上层，老鼠跑过棍子
后的排列可以由祭司解读出神的旨意。这种罐
子有时也作为保存新生儿脐带的容器。

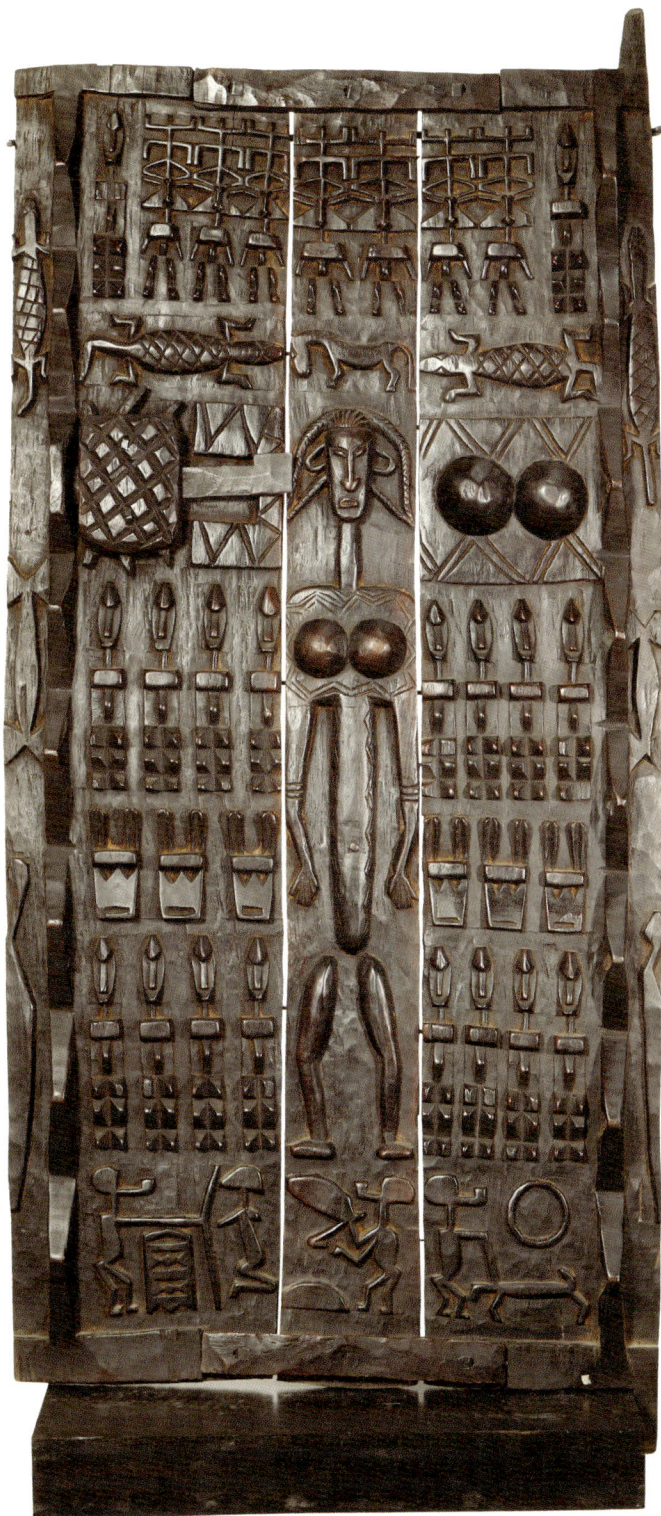

多哥（Dogon）女性门板
产地：多哥，马里

在马里，特别是在多哥人中，父亲负有在女儿
月经初潮后为女儿制作一扇门板的义务和责
任。这扇门板在女儿婚后依然属于她的私人财
产。在马里，月经期的女人被男人们认为是不
洁的，因此他们不会在女人经期吃由这个女人
的手做出来的食物或者与她有任何与性有关的
行为。女人通过将自己的门板置于自己的屋外
以告知丈夫自己的状态。丈夫因此选择去找自
己另外一个妻子。

多哥门板的丰富传统可以从这扇门板中体现出
来。多哥人依赖收获的作物（主要是黍子）为
生。他们将谷物贮藏在用泥砖建成的草顶的谷
仓中。传统上多哥门板是谷仓的标记，同时可
以体现一个人在村落中的地位和职业。门板上
成排的人物形象是多哥的祖先。有着兔子耳朵
的瓦鲁（Walu）面具在这扇门板上也有表现。
门框上的锯齿状雕刻表现了多哥人的蟒蛇祖先
"李比"（Lebe）。而中间的主体人物和乳
房毫无疑问表达的是女性，是对健康、富饶和
丰收的向往。所有这一切都是为了使门神圣
化，以保护房屋的入口，防止窃贼。

家庭中每一个妻子都有自己的谷仓存储私人物
品和家族圣物。因为在这一地区很难找到大块
的适合的硬木，所以雕刻精美的谷仓门板会由
几块长方形的木板拼成。

巴嘎（Baga）尼姆巴（Nimba）肩扛式面具
产地：几内亚

作为巴嘎最重要的艺术形式，这种大型的面具达姆巴（D'mba）或者更常被称为尼姆巴（Nimba），表现的是孕妇的保护者，富饶之母。这种面具在各种农业仪式庆典中出现。穿着酒椰纤维服装的舞者，将这种面具扛在肩膀上，通过双乳之间的孔洞看向外边。

尼姆巴面具抽象地表现了社会中的理想女性角色。展现她的母性、美丽和魅力。典型的尼姆巴形象刻画的都是已经生养了数个子女，并将子女抚育成人的女性形象。

草药箱
产地：喀麦隆

廷嘎廷嘎画派

　　在坦桑尼亚，有家喻户晓的著名画派：廷嘎廷嘎。该画派的主要特点是画面色彩奔放，线条极其流畅，充满了原始风情和无拘无束的想象力。廷嘎廷嘎是土生土长的非洲画派。20世纪90年代中期，600幅廷嘎廷嘎作品在瑞士展出，展览引起了轰动。画家们收到了一笔数额不小的资助，他们用这笔钱盖起了画廊。之后，他们在欧洲和日本连续展出，成为对外文化交流的景点。

　　画派创始人是一个名叫廷嘎廷嘎的画家。廷嘎廷嘎于1932年出生在一个贫苦的农民家庭，是四个孩子中的老大。由于家境贫寒，只上了四年的小学。1959年，廷嘎廷嘎来到首都达累斯萨拉姆闯世界。他当过花匠，也曾走街串巷卖过蔬菜和水果，还为人做过刺绣工和编制工。这些生活经历不但磨炼了他的意志，也为他成为一名艺术家奠定了坚实的基础。

　　廷嘎廷嘎直到36岁才开始学画。他在正方形的木板上画动物和日常生活中的情景。不久，参加了马孔德舞蹈团，在乐队演奏木琴。40岁时廷嘎廷嘎在青年团的介绍下，在一个医药中心得到了一份工作，但同时，廷嘎廷嘎仍坚持作画，在蚌壳湾的一家商店里出售作品。后来，一位买了他作品的旅游者将他介绍给了国家发展合作社下属的国家艺术公司，公司对他的作品产生了浓厚的兴趣，双方签了约，廷嘎廷嘎从此时来运转，画作身价提高，成为了一名以画谋生的艺术家。廷嘎廷嘎成名后收了一些学生，也鼓励他的学生们用自己的风格创作。

　　如今，廷嘎廷嘎画派以崭新面目出现，不再囿于在正方形的木板上作画，色彩也更丰富。让世界各国的人民了解坦桑尼亚人民和文化，这正是廷嘎廷嘎画派对坦桑尼亚人民的贡献。

编者后记

　　2010年上海世博会有50个非洲国家参展，为我们了解非洲提供了一个很好的机会。在非洲联合馆的主题展区内，以"非洲故事"为主题的展览通过十个不同的专题，展示出精彩、独特的非洲特色文化。展览的策划者力图以图书的形式，配合在主题展区内播放的非洲的面孔、非洲的声音、非洲的色彩、非洲的智慧四部专题短片，配合中心舞台来自18个非洲国家的歌舞表演和时装秀节目，配合非洲集市举办的12场真人秀表演和来自42个非洲国家的商品售卖等活动形式，共同对"非洲故事"展进行多层次的演绎，使读者能够对展览、对非洲的文化特征有着不同形式、多种渠道和更深层次的解读。

　　人类在不断发展、进步的过程中，有很多东西被忽视、被淡化，很多传统文化由于没有受到良好的保护而像很多物种一样在地球上逐渐消失了。非洲，由于她独特的地理环境和很多复杂因素，把人类早期发展进程中的很多特征都完整地保留了下来，比如非洲的面具。面具在地球上每一块大陆的文明中都曾出现过。4000年前的岩画中已显示出人们使用面具的情景，时至今日，生活在撒哈拉沙漠以南地区的很多非洲人，出于与他们的祖先同样的目的、以同样的方式，依然使用着面具。100年前，以毕加索为代表的一代大师正是由于受非洲面具等非洲雕刻的启发，开创了一系列当代艺术新流派。当代音乐流派中的爵士乐、蓝调、摇滚等很多音乐形式也都是以非洲音乐为基础衍生出来的。由此可见，人们在非洲的传统文化中找到了艺术创作的灵感、创作的动力。

　　在2010年上海世博会期间出版此书，也是在"城市，让生活更美好"的主题下再次警示，我们要妥善处理好保护人类文化遗产和推动现代文明之间的关系，在发展城市化进程的同时千万不能忽略了对传统文化的研究和保护。

上海世博会非洲联合馆活动推介总策划　程晖

2010年3月

图书在版编目（ＣＩＰ）数据

非洲故事：2010年上海世博会非洲联合馆主题展／陈
锦田主编．－上海：上海人民美术出版社，2010.5
ISBN 978－7－5322－6793－4

Ⅰ.①非... Ⅱ.①陈... Ⅲ.①博览会－展览馆－简
介－上海市－2010 ②非洲－概况 Ⅳ.①TU242.5 ②K94

中国版本图书馆CIP数据核字（2010）第070041号

非洲故事

——2010年上海世博会非洲联合馆主题展

总 策 划：陈锦田　程　晖

主　　编：陈锦田

设计顾问：袁银昌

装帧设计：李剑萍

责任编辑：雨　鹰　余小倩

技术编辑：陆尧春

出版发行：上海人民美術出版社

　　　　　上海长乐路672弄33号

　　　　　邮编：200040　电话：021－54044520

网　　址：www.shrmms.com

印　　刷：上海界龙艺术印刷有限公司

开　　本：889×1194　1/16　8印张

版　　次：2010年5月第1版

印　　次：2010年5月第1次

印　　数：0001－10000

书　　号：ISBN 978－7－5322－6793－4

定　　价：88.00元